EL COMPAÑERO CULINARIO DE LOS AMANTES DEL LIMÓN

100 recetas frescas y sabrosas para alegrar tu repertorio culinario

Pedro Muñoz

Material con derechos de autor ©2024

Reservados todos los derechos

Ninguna parte de este libro puede usarse ni transmitirse de ninguna forma ni por ningún medio sin el debido consentimiento por escrito del editor y del propietario de los derechos de autor, excepto las breves citas utilizadas en una reseña. Este libro no debe considerarse un sustituto del asesoramiento médico, legal o de otro tipo profesional.

TABLA DE CONTENIDO

TABLA DE CONTENIDO..3
INTRODUCCIÓN..7
DESAYUNO...8
1. Donuts De Limón Con Pistachos................................9
2. Muffins De Limón Y Coco..12
3. Scones de arándanos y limón.................................14
4. Tazas de limón y macadamia.................................17
5. Muffin inglés de tomillo y limón.............................19
6. Tarta de queso y avena con arándanos y limón....22
7. Waffles de arándanos y ralladura de limón...........24
8. Croissants de arándanos y limón...........................27
9. Té de menta y limón...29
10. Bollos De Queso Y Limón.....................................31
11. Muffins De Limón..34
APERITIVOS Y SNACKS..37
12. Churros De Limón...38
13. Bocaditos de pretzel de limón y jalapeño...........41
14. Barras de limón...44
15. Galletas De Limón...47
16. Patatas fritas de pita con limón y pimienta........50
17. Tarta de cuajada de limón...................................52
18. Magdalenas de hierbaluisa..................................55
19. Brownies de Limón...59
20. Mini barras de limón...61
21. Trufas De Limonada...64
POSTRE..67
22. Macarrones con glaseado de espejo de limón...68
23. Éclairs de pistacho y limón..................................73
24. Tarta De Goji, Pistacho Y Limón.........................79
25. Pastel de merengue de limón y pistacho...........82
26. Tarta mousse de fresa y limón............................86
27. Mousse de limón, cereza y nueces.....................90

28. Tarta helada de limón con salsa de ruibarbo...............93
29. Pudín de nube de limón y ruibarbo........................97
30. Pastel de tofu y limón con ruibarbo.....................100
31. Sorbete de limón..102
32. Mini Tartaletas De Limón................................104
33. Parfaits de tarta de merengue y limón...................107
34. Flan de Limón y Lavanda.................................109
35. Zabaglione de limón....................................112
36. Pastel al revés de limón Meyer.........................114
37. Potes de crema de limón................................118
38. Macarrones franceses con limón.........................121
39. Tarta Brulée De Limón..................................126
40. Ice Brûlée de limón con caramelo.......................129
41. Helado de cuajada de limón.............................132
42. Pastel De Limón En Forma De Panal......................134
43. Mousse de cuajada de limón.............................137
44. Semifreddo De Limón....................................139
45. Sándwiches de helado de limón..........................141
ESMALTES Y HELADOS.....................................144
46. Glaseado De Limón......................................145
47. Glaseado de limonada de frambuesa......................147
48. Glaseado de mantequilla de limón.......................149
49. Glaseado de semillas de amapola y limón................151
LIMONADAS..153
50. clásica recién exprimida...............................154
51. Limonada de pomelo rosado..............................156
52. Mimosas de limonada de frambuesa.......................158
53. Spritzer de limonada de fresa..........................160
54. Limonada de fruta del dragón...........................162
55. Limonada de kiwi.......................................164
56. Limonada de kéfir de frambuesa.........................166
57. Limonada de frambuesa e hinojo.........................168
58. Limonada de ciruela....................................170
59. Limonada de granada....................................173
60. Limonada De Cereza.....................................175

61. Limonada de arándanos..................................177
62. Limonada Espumosa De Jugo De Higo Chumbo.........179
63. Limonada de uva negra..................................181
64. Limonada de lichi...183
65. Limonada de manzana y col rizada..................185
66. limonada de ruibarbo....................................187
67. Limonada de rábano.....................................189
68. Delicia de limonada y pepino.........................191
69. Limonada de col rizada y menta....................193
70. Limonada De Remolacha..............................195
71. Limonada de guisantes mariposa..................198
72. Limonada de lavanda...................................200
73. Limonada de agua de rosas.........................202
74. Limonada de lavanda y coco........................204
75. Limonada Lila Fresca...................................207
76. Limonada de hibisco....................................209
77. Limonada de albahaca.................................212
78. limonada de cilantro....................................214
79. Limonada con infusión de borraja.................216
80. Limonada de hierbaluisa..............................218
81. Limonada De Romero..................................220
82. Limonada de limoncillo.................................222
83. Limonada De Hibisco Y Albahaca.................224
84. Limonada de musgo de mar........................226
85. Emonada de espirulina L.............................228
86. Limonada con infusión de algas..................230
87. Limonada De Clorella..................................232
88. Limonada de té verde matcha....................234
89. Limonada de café helado............................236
90. Limonada Earl Grey....................................239
91. Limonada de té negro y durazno................241
92. Limonada Chai de Frambuesa....................243
93. Limonada Kombucha..................................245
94. Limonada de manzana especiada..............247
95. Limonada de cúrcuma................................250

96. Limonada Masala..252
97. Limonada con especias chai..............................254
98. Limonada con salsa picante..............................256
99. Limonada especiada india................................258
100. Gota de limón y lavanda................................261
CONCLUSIÓN...264

INTRODUCCIÓN

Bienvenido a "EL COMPAÑERO CULINARIO DE LOS AMANTES DEL LIMÓN", un apasionante viaje al mundo de los limones y su notable influencia en las artes culinarias. Los limones, con su sabor brillante y vigorizante, se han ganado un lugar especial en los corazones de los chefs y cocineros caseros de todo el mundo. En este libro de cocina, te invitamos a explorar la versatilidad y vitalidad de los limones a través de una colección de 100 recetas frescas y sabrosas.

Nuestro viaje a través del paisaje cargado de limones le presentará la magia de esta superestrella de los cítricos. Ya sea que sea un chef experimentado o un novato en la cocina, este libro es su guía para incorporar las bondades picantes y cítricas de los limones en sus creaciones culinarias. Desde aperitivos hasta postres, desde salados hasta dulces, descubrirás las infinitas posibilidades que ofrecen los limones para alegrar y realzar tus platos.

Mientras nos embarcamos en esta aventura con infusión de cítricos, prepárese para descubrir los secretos de cocinar con limones y deje que su alegre disposición transforme sus comidas. Entonces, tome su delantal, afile sus cuchillos y únase a nosotros para alegrar su repertorio culinario con "EL COMPAÑERO CULINARIO DE LOS AMANTES DEL LIMÓN".

DESAYUNO

1. Donuts De Limón Con Pistachos

INGREDIENTES:
PARA LAS DONCAS:
- Aceite en aerosol antiadherente
- ½ taza de azúcar granulada
- Ralladura y jugo de 1 limón
- 1 ½ tazas de harina para todo uso
- ¾ cucharadita de polvo para hornear
- ¼ de cucharadita de bicarbonato de sodio
- ¼ cucharadita de sal
- ⅓ taza de suero de leche
- ⅓ taza de leche entera
- 6 cucharadas. mantequilla sin sal, a temperatura ambiente
- 1 huevo
- 2 cucharaditas de extracto de vainilla

PARA EL GLASEADO
- ½ taza de yogur griego natural
- Ralladura de 1 limón
- ¼ cucharadita de sal
- 1 taza de azúcar glass
- ½ taza de pistachos tostados, picados

INSTRUCCIONES :

a) Para hacer las donas, precalienta un horno a 375°F.

b) Cubra los huecos de un molde para donas con aceite en aerosol antiadherente.

c) En un tazón pequeño, combine el azúcar granulada y la ralladura de limón. Con las yemas de los dedos, frote la ralladura con el azúcar. En otro tazón, mezcle la harina, el polvo para hornear, el bicarbonato de sodio y la sal. En una taza medidora, mezcle el suero de leche, la leche entera y el jugo de limón.

d) En el tazón de una batidora de pie equipada con el accesorio de paleta, bata la mezcla de azúcar y la mantequilla a velocidad media hasta que esté suave y esponjosa, aproximadamente 2 minutos. Raspe los lados del tazón. Agrega el huevo y la vainilla y bate a velocidad media hasta que se combinen aproximadamente 1 minuto.

e) A velocidad baja, agregue la mezcla de harina en 3 adiciones, alternando con la mezcla de leche y comenzando y terminando con la harina. Batir cada adición hasta que se mezclen.

f) Vierta 2 cucharadas. mezcla en cada pocillo preparado. Hornee, girando la sartén 180 grados a la mitad de la cocción, hasta que al insertar un palillo en las donas salga limpio, aproximadamente 10 minutos. Deje enfriar en el molde sobre una rejilla para enfriar durante 5 minutos, luego invierta las donas sobre la rejilla y déjelas enfriar por completo. Mientras tanto, lava y seca la sartén y repite para hornear la masa restante.

g) Para hacer el glaseado, en un bol, mezcle el yogur, la ralladura de limón y la sal.

h) Agregue el azúcar glas y revuelva hasta que quede suave y bien mezclado.

i) Sumerja las donas, con la parte superior hacia abajo, en el glaseado, espolvoree con los pistachos y sirva.

2. Muffins De Limón Y Coco

INGREDIENTES:

- 1 ¼ taza de harina de almendras
- 1 taza de coco rallado sin azúcar
- 2 cucharadas de harina de coco
- ½ cucharadita de bicarbonato de sodio
- ½ cucharadita de polvo para hornear
- ¼ cucharadita de sal
- ¼ taza de miel
- Jugo y ralladura de 1 limón
- ¼ de taza de leche de coco entera
- 3 huevos batidos
- 3 cucharadas de aceite de coco
- 1 cucharadita de extracto de vainilla

INSTRUCCIONES:

a) Lleva el calor de tu horno a 350 f. En un tazón pequeño, mezcle todos los ingredientes húmedos.

b) En un tazón mediano, combine todos los ingredientes secos.

c) Ahora vierte los ingredientes húmedos en el tazón de ingredientes secos y revuelve hasta formar una masa.

d) Deje reposar la masa durante unos minutos y luego revuélvala nuevamente. Ahora engrase un molde para muffins y llénelo cada uno aproximadamente dos tercios de su capacidad. Mételo en el horno y hornea durante unos 20 minutos.

e) Comprueba si el muffin está cocido introduciendo un palillo en el centro y, si sale limpio, significa que ya estás listo. Retirar del horno, dejar enfriar durante un minuto y servir.

3. Scones de arándanos y limón

INGREDIENTES:
- 2 tazas de harina para todo uso
- 1 cucharada de polvo para hornear
- 2 cucharaditas de azúcar
- 1 cucharadita de sal kosher
- 2 onzas de aceite de coco refinado
- 1 taza de arándanos frescos
- ¼ onza de ralladura de limón
- 8 onzas de leche de coco

INSTRUCCIONES:

a) Licue el aceite de coco con la sal, el azúcar, el polvo para hornear y la harina en un procesador de alimentos.

b) Transfiera esta mezcla de harina a un tazón para mezclar.

c) Ahora agregue la leche de coco y la ralladura de limón a la mezcla de harina, luego mezcle bien.

d) Incorpora los arándanos y mezcla bien la masa preparada hasta que quede suave.

e) Extienda esta masa de arándanos en una ronda de 7 pulgadas y colóquela en una sartén.

f) Refrigere la masa de arándanos durante 15 minutos y luego córtela en 6 gajos.

g) Cubra la placa para dorar con una hoja de pergamino.

h) Coloque las rodajas de arándanos en el plato para dorar forrado.

i) Transfiera los bollos al horno Air Fryer y cierre la puerta.

j) Seleccione el modo "Hornear" girando el dial.

k) Presione el botón TIEMPO/REBANADAS y cambie el valor a 25 minutos.

l) Presione el botón TEMP/SHADE y cambie el valor a 400 °F.
m) Presione Iniciar/Detener para comenzar a cocinar.
n) Sirva fresco.

4. Tazas de limón y macadamia

INGREDIENTES:
- $\frac{1}{2}$ taza de mantequilla de coco
- $\frac{1}{2}$ taza de nueces de macadamia
- $\frac{1}{2}$ taza de manteca de cacao
- $\frac{1}{4}$ de taza de aceite de coco
- $\frac{1}{4}$ de taza de Swerve, en polvo
- 1 cucharada de ralladura de limón fina
- 1 cucharadita de moringa en polvo

INSTRUCCIONES:
a) Comience pulsando todos los ingredientes, excepto la ralladura de limón y la moringa, en un procesador de alimentos durante un minuto para combinarlos todos.

b) Divida la mezcla en dos tazones. Debe reducirse a la mitad lo más equitativamente posible antes de dividirlo por la mitad.

c) El polvo de moringa se debe colocar en un recipiente aparte. En un plato particular, combine la ralladura de limón y los demás ingredientes.

d) Prepara 10 mini moldes para muffins llenándolos hasta la mitad con la mezcla de Moringa y luego cubriéndolos con una cucharada y media de la mezcla de limón. Dejar de lado. Asegúrate de que haya estado en el frigorífico durante al menos una hora antes de servir.

5. Muffin inglés de tomillo y limón

INGREDIENTES:
- Harina de maíz, para espolvorear
- 1 cucharada de ralladura de limón
- 2 cucharadas de azúcar granulada
- 1 ½ tazas de harina integral blanca
- 1 ½ tazas de harina para todo uso
- 1 cucharada de tomillo fresco picado
- 1 ½ cucharaditas de sal
- ¼ de cucharadita de bicarbonato de sodio
- 1 cucharada de levadura seca activa
- 1 taza de leche de almendras natural sin azúcar (o leche de su elección), calentada a 120 a 130°F
- ⅓ taza de agua, calentada a 120 a 130°F
- 2 cucharadas de aceite de oliva

INSTRUCCIONES:
a) En un tazón, combine la ralladura de limón y el azúcar granulada. Mézclalos hasta que estén bien combinados. Este paso ayuda a liberar el sabor del limón en el azúcar.
b) En un tazón grande aparte, mezcle la harina blanca integral, la harina para todo uso, el tomillo fresco picado, la sal y el bicarbonato de sodio.
c) Espolvorea la levadura seca activa sobre la mezcla tibia de leche de almendras y agua. Déjelo reposar durante unos 5 minutos hasta que esté espumoso.
d) Vierta la mezcla de levadura en el bol con la mezcla de harina y agregue también la mezcla de azúcar de limón y el aceite de oliva. Mezclar todo hasta que se forme una masa.
e) Coloca la masa sobre una superficie enharinada y amasa durante unos 5 minutos hasta que quede suave y elástica.

f) Vuelva a colocar la masa en el tazón, cúbrala con un paño de cocina limpio y déjela reposar en un lugar cálido durante aproximadamente 1 hora o hasta que haya duplicado su tamaño.

g) Una vez que la masa haya subido, golpéala y colócala nuevamente sobre una superficie enharinada. Extiéndalo hasta que tenga un grosor de aproximadamente ½ pulgada.

h) Utilice un cortador redondo o el borde de un vaso para cortar rondas de muffins ingleses. Deberías obtener unas 12 rondas.

i) Espolvoree una bandeja para hornear con harina de maíz y coloque los panecillos encima. Espolvorea la parte superior con harina de maíz adicional. Cúbrelas con un paño de cocina y déjalas reposar unos 20-30 minutos.

j) Precalienta una plancha o una sartén grande a fuego medio. Cocine los muffins durante unos 5 a 7 minutos por cada lado, o hasta que estén dorados y bien cocidos.

k) Una vez cocidos, deja que los muffins se enfríen un poco antes de abrirlos con un tenedor y tostarlos.

l) Sirva sus muffins ingleses caseros de limón y tomillo calientes con sus productos para untar o aderezos favoritos. ¡Disfrutar!

6. Tarta de queso y avena con arándanos y limón

INGREDIENTES:
- ¼ de taza de yogur griego descremado
- 2 cucharadas de yogur de arándanos
- ¼ taza de arándanos
- 1 cucharadita de ralladura de limón
- 1 cucharadita de miel

INSTRUCCIONES:
a) Combine la avena y la leche en un frasco de vidrio de 16 onzas; cubra con los ingredientes deseados.
b) Refrigere durante la noche o hasta 3 días; servir frío.

7. Waffles de arándanos y ralladura de limón

INGREDIENTES:

- 2 tazas de harina para todo uso
- 2 cucharadas de azúcar granulada
- 1 cucharada de polvo para hornear
- ½ cucharadita de sal
- Ralladura de 1 limón
- 2 huevos grandes
- 1¾ tazas de leche
- ⅓ taza de mantequilla sin sal, derretida
- 1 cucharadita de extracto de vainilla
- 1 taza de arándanos frescos

INSTRUCCIONES:

a) Precalienta tu plancha para gofres según las instrucciones del fabricante.

b) En un tazón grande, mezcle la harina, el azúcar, el polvo para hornear, la sal y la ralladura de limón.

c) En un bol aparte batir los huevos. Agrega la leche, la mantequilla derretida y el extracto de vainilla. Batir hasta que esté bien combinado.

d) Vierta los ingredientes húmedos en los ingredientes secos y revuelva hasta que estén combinados. No haga sobre mezcla; unos cuantos grumos están bien.

e) Incorpora suavemente los arándanos frescos a la masa.

f) Engrase ligeramente la plancha para gofres con aceite en aerosol o úntela con mantequilla derretida.

g) Vierta la masa en la plancha para gofres precalentada, utilizando la cantidad recomendada según el tamaño de su plancha para gofres.

h) Cierre la tapa y cocine hasta que los waffles estén dorados y crujientes.

i) Retire con cuidado los gofres de la plancha y transfiéralos a una rejilla para que se enfríen un poco.

j) Repite el proceso con la masa restante hasta que todos los waffles estén cocidos.

k) Sirva los waffles de arándanos y ralladura de limón calientes con arándanos frescos adicionales, un poco de azúcar en polvo, un chorrito de jarabe de arce o una cucharada de crema batida.

8. Croissants de arándanos y limón

INGREDIENTES:

- Masa básica para croissants
- ½ taza de arándanos
- 2 cucharadas de azúcar granulada
- 1 cucharada de maicena
- 1 cucharada de ralladura de limón
- 1 huevo batido con 1 cucharada de agua

INSTRUCCIONES:

a) Extienda la masa de croissant hasta formar un rectángulo grande.
b) En un tazón pequeño, mezcle los arándanos, el azúcar, la maicena y la ralladura de limón.
c) Extienda la mezcla de arándanos uniformemente sobre la superficie de la masa.
d) Corta la masa en triángulos.
e) Enrolle cada triángulo hasta darle forma de croissant.
f) Coloque los croissants en una bandeja para hornear forrada, unte con huevo y déjelos reposar durante 1 hora.
g) Precalienta el horno a 400°F (200°C) y hornea los croissants durante 20-25 minutos hasta que estén dorados.

9. Té de menta y limón

INGREDIENTES:
- $1\frac{1}{2}$ taza de agua hirviendo
- 3 cucharaditas de té instantáneo
- 6 ramitas de menta
- 1 taza de agua hirviendo
- 1 taza de azúcar
- $\frac{1}{2}$ taza de jugo de limón

INSTRUCCIONES:

a) Combine $1\frac{1}{2}$ tazas de agua hirviendo, té instantáneo y menta .

b) Reposar , tapado, durante 15 minutos.

c) Combine 1 taza de agua hirviendo, azúcar y jugo de limón.

d) Mezcla la segunda mezcla con la mezcla de menta después de colarla.

e) Agrega 4 tazas de agua fría.

10. Bollos De Queso Y Limón

INGREDIENTES:
MASA
- 1 taza de agua
- $\frac{1}{4}$ de taza) de azúcar
- 1 huevo grande, bien batido
- 2 cucharadas de mantequilla
- $\frac{3}{4}$ cucharadita de sal
- 4 tazas de harina para pan
- 1 cucharada de leche en polvo
- $1\frac{1}{2}$ cucharaditas de levadura seca activa

RELLENO
- 1 taza de queso ricotta, parcialmente descremado
- $\frac{1}{4}$ de taza de jugo de limón (de 1 limón)
- $\frac{1}{4}$ de taza) de azúcar
- $\frac{1}{4}$ cucharadita de ralladura de limón (de 1 limón)

ADICIÓN
- $\frac{1}{2}$ taza de azúcar glass
- 1 cucharadita de jugo de limón
- Agua (la necesaria para lograr la consistencia deseada)

INSTRUCCIONES:
MASA:
a) Mide los ingredientes de la masa en el molde para hornear (excepto la levadura).

b) Golpea firmemente el recipiente para nivelar los ingredientes, luego espolvorea la levadura en el centro de la harina.

c) Inserte la bandeja para hornear firmemente en la máquina para hacer pan y cierre la tapa.

d) Seleccione la configuración MASA y presione Iniciar.

e) La máquina emitirá un pitido y la luz COMPLETA se iluminará cuando la masa esté terminada.

f) Retire la masa del molde para hornear.

RELLENO:

g) En un recipiente aparte, combine todos los ingredientes del relleno y revuelva para mezclar bien.

ASAMBLEA:

h) Extienda la masa hasta formar un cuadrado de 12x15 pulgadas.

i) Extienda el relleno uniformemente sobre la masa.

j) Enrolla la masa a lo largo y corta el rollo en 12 trozos.

k) Coloque el lado cortado hacia abajo en una sartén untada con mantequilla.

l) Tapar la masa y dejar reposar durante 15 minutos.

HORNEANDO:

m) Precalienta tu horno a 375°F (190°C).

n) Hornea los panecillos durante 15 a 20 minutos o hasta que estén dorados.

o) Enfríe los bollos sobre una rejilla para hornear.

ADICIÓN:

p) En un recipiente aparte, combine todos los ingredientes de la cobertura.

q) Agrega ½ cucharadita de agua hasta lograr la consistencia deseada.

r) Vierta la cobertura sobre los panecillos enfriados.

s) ¡Disfruta de tus bollos caseros de queso y limón!

11. Muffins De Limón

INGREDIENTES:
- 1 huevo entero
- 1 taza de carbohidratos
- 2 cucharadas de Splenda (o al gusto)
- 1 cucharadita de piel de limón rallada
- ¼ taza de jugo de limón
- ⅛ taza de agua
- 1 cucharada de aceite
- 1 cucharada de semillas de amapola (opcional)
- 1 cucharadita de polvo para hornear
- Una pizca de sal

INSTRUCCIONES:
a) Precalienta tu horno: Calienta tu horno a 400°F (200°C). Coloque un molde de papel para hornear en cada uno de los 6 moldes para muffins de tamaño normal o engrase solo el fondo de los moldes para muffins.

b) Mezclar la masa: en un bol mediano, batir ligeramente el huevo. Luego, agregue Carbquik, Splenda, cáscara de limón rallada, jugo de limón, agua, aceite, semillas de amapola (si las usa), polvo para hornear y una pizca de sal. Revuelva hasta que la mezcla esté apenas humedecida; No haga sobre mezcla.

c) Divida la masa: Divida la masa para muffins de manera uniforme entre los moldes para muffins preparados.

d) Hornear: Hornea los muffins en el horno precalentado durante 15 a 20 minutos o hasta que la parte superior esté dorada. Vigílalos hacia el final del tiempo de horneado para evitar que se horneen demasiado.

e) Una vez listo, retira los muffins del horno y déjalos enfriar en los moldes para muffins durante unos minutos.

f) Transfiera los muffins a una rejilla para que se enfríen por completo.

g) ¡Disfruta de tus Muffins de Limón Carbquik caseros!

APERITIVOS Y SNACKS

12. Churros De Limón

INGREDIENTES:
- 1 taza de agua
- 2 cucharadas de azúcar
- $\frac{1}{2}$ cucharadita de sal
- 2 cucharadas de aceite vegetal
- 1 taza de harina para todo uso
- Ralladura de 1 limón
- Aceite vegetal para freír
- $\frac{1}{4}$ de taza de azúcar (para cubrir)
- 1 cucharadita de canela molida (para cubrir)
- Glaseado de limón (elaborado con azúcar glass y jugo de limón)

INSTRUCCIONES:
a) En una cacerola, combine agua, azúcar, sal y aceite vegetal. Lleva la mezcla a ebullición.

b) Retiramos el cazo del fuego y añadimos la harina y la ralladura de limón. Revuelve hasta que la mezcla forme una bola de masa.

c) Calienta el aceite vegetal en una sartén u olla profunda a fuego medio.

d) Transfiera la masa a una manga pastelera provista de punta de estrella.

e) Coloque la masa en el aceite caliente y córtela en trozos de 4 a 6 pulgadas con un cuchillo o unas tijeras.

f) Freír hasta que estén dorados por todos lados, volteando de vez en cuando.

g) Retire los churros del aceite y escúrralos sobre una toalla de papel.

h) En un recipiente aparte, combine el azúcar y la canela. Enrolle los churros en la mezcla de azúcar y canela hasta que estén cubiertos.
i) Rocíe el glaseado de limón sobre los churros.
j) Sirve los churros de limón calientes.

13. Bocaditos de pretzel de limón y jalapeño

INGREDIENTES:
- 1 cucharada de aceite de oliva
- 3 jalapeños, sin semillas y finamente picados
- Sal kosher
- 2 paquetes (4 onzas) de bocados de pretzel
- 4 onzas de queso crema, a temperatura ambiente
- $\frac{1}{2}$ cucharadita de ralladura de limón finamente rallada
- 1 cucharada de jugo de limón
- Un chorrito de salsa picante
- 1 onza de queso cheddar de naranja extra fuerte, rallado grueso (aproximadamente ⅓ de taza), y más para espolvorear
- 1 cebolleta finamente picada y más para espolvorear

INSTRUCCIONES:
a) Precalienta el horno a 400°F. Cubra una bandeja para hornear con papel pergamino.

b) Calienta una sartén mediana a fuego medio. Agrega el aceite de oliva, seguido de los jalapeños y $\frac{1}{4}$ de cucharadita de sal. Cocine, revolviendo ocasionalmente, hasta que los jalapeños estén tiernos, lo cual demora aproximadamente 2 minutos. Alejar del calor.

c) Mientras tanto, usando un cuchillo de pelar y trabajando en ángulo, retire la parte superior de cada pretzel, dejando una abertura de 1 pulgada. Usando el pulgar, empuje hacia adentro y alrededor para presionar algunos de los pretzels y crear una abertura más grande.

d) En un tazón, combine el queso crema, el jugo de ralladura de limón y la salsa picante. agregue los jalapeños, el queso cheddar y las cebolletas. transfiera la mezcla a una bolsa de plástico con cierre.

e) Corta la esquina de la bolsa y llena cada pretzel. transfiera a la bandeja para hornear preparada, espolvoree con queso adicional y hornee hasta que el queso se derrita, de 5 a 6 minutos. espolvoree con cebolletas antes de servir, si lo desea.

14. Barras de limón

INGREDIENTES:
PARA LA CORTEZA:
- 1 taza (2 barras) de mantequilla sin sal, ablandada
- ½ taza de azúcar granulada
- 2 tazas de harina para todo uso
- Pizca de sal

PARA EL RELLENO DE LIMÓN:
- 4 huevos grandes
- 2 tazas de azúcar granulada
- ⅓ taza de harina para todo uso
- ½ taza de jugo de limón recién exprimido (unos 4 limones)
- Ralladura de 2 limones
- Azúcar en polvo (para espolvorear)

INSTRUCCIONES:
PARA LA CORTEZA:
a) Precalienta tu horno a 350°F (175°C). Engrase una fuente para hornear de 9x13 pulgadas.

b) En un tazón, mezcle la mantequilla blanda y el azúcar granulada.

c) Agrega poco a poco la harina y la sal, mezclando hasta que se forme una masa quebradiza.

d) Presione la masa uniformemente en el fondo de la fuente para hornear preparada.

e) Hornee en el horno precalentado durante 15-20 minutos, o hasta que los bordes estén ligeramente dorados. Retirar del horno y reservar.

PARA EL RELLENO DE LIMÓN:

f) En un recipiente aparte, mezcle los huevos, el azúcar granulada, la harina, el jugo de limón y la ralladura de limón hasta que estén bien combinados.

g) Vierta la mezcla de limón sobre la base horneada.

h) Regrese el plato al horno y hornee por 20 a 25 minutos más, o hasta que el relleno de limón esté listo y ya no se mueva cuando agite suavemente la sartén.

i) Deja que las barras de limón se enfríen completamente en la sartén.

j) Una vez enfriado, espolvorea la parte superior con azúcar glass y córtalo en cuadritos.

15. Galletas De Limón

INGREDIENTES:
- 2½ tazas de azúcar
- 1 taza de manteca
- 2 cucharadas de amoníaco para panaderos
- 1 cucharadita de Aceite de Limón
- 2 huevos
- 2 cucharadas de leche (nueva)
- 1 litro de leche (nueva)
- Harina

INSTRUCCIONES:
a) Comience remojando amoníaco de panadería durante la noche en medio litro de leche.
b) En un recipiente aparte, bata los huevos por separado y agregue 2 cucharadas de leche a las yemas.
c) En un tazón grande, combine el azúcar, la manteca vegetal, el amoníaco para hornear remojado, el aceite de limón y los huevos batidos con la leche.
d) Agrega poco a poco suficiente harina para que la masa quede firme.
e) Estirar la masa finamente y pincharla bien con un tenedor.
f) Hornee, pero en la receta original no se proporciona una temperatura ni un tiempo de horneado específicos. Puedes intentar hornearlos a 425 °F (220 °C) hasta que se doren. Vigílalos para evitar que se horneen demasiado.
g) Estas galletas de limón, aunque carecen de instrucciones específicas de temperatura y tiempo, son una delicia única con sabor a limón.

h) Disfrute experimentando con el tiempo y la temperatura de horneado para lograr la textura y el color deseados.

16. Patatas fritas de pita con limón y pimienta

INGREDIENTES:

- 4 rondas de pan pita
- 2 cucharadas de aceite de oliva
- Ralladura de 1 limón
- 1 cucharadita de pimienta negra
- $\frac{1}{2}$ cucharadita de sal

INSTRUCCIONES:

a) Precalienta el horno a 375°F (190°C).

b) Corta las rodajas de pan de pita en triángulos pequeños o en las formas deseadas.

c) En un tazón pequeño, combine el aceite de oliva, la ralladura de limón, la pimienta negra y la sal.

d) Unte ambos lados de los triángulos de pita con la mezcla de aceite de oliva.

e) Coloca los triángulos de pita en una bandeja para hornear forrada con papel pergamino.

f) Hornee durante 10-12 minutos o hasta que estén crujientes y ligeramente dorados.

g) Deje que las patatas fritas se enfríen antes de servir.

17.Tarta de cuajada de limón

INGREDIENTES:
- 2 tazas de harina para todo uso
- ¼ taza de azúcar granulada
- 1 cucharada de polvo para hornear
- ½ cucharadita de sal
- ½ taza de mantequilla sin sal, fría y en cubos
- ¾ taza de suero de leche
- 1 cucharadita de extracto de vainilla
- cuajada de limón
- frambuesas frescas
- Fresas frescas, en rodajas
- Crema batida, para servir

INSTRUCCIONES:
a) Precalienta tu horno a 425°F (220°C).
b) En un tazón grande, mezcle la harina, el azúcar, el polvo para hornear y la sal.
c) Agrega la mantequilla fría en cubos a los ingredientes secos. Use un cortador de masa o los dedos para cortar la mantequilla en la mezcla de harina hasta que parezca migajas gruesas.
d) Haga un hueco en el centro de la mezcla y vierta el suero de leche y el extracto de vainilla. Revuelva hasta que esté combinado.
e) Coloque la masa sobre una superficie enharinada y amásela suavemente unas cuantas veces hasta que se una.
f) Dale palmaditas a la masa en una ronda de 1 pulgada de grosor y corta las tortas con un cortador de galletas.
g) Coloque los bizcochos en una bandeja para hornear forrada con papel pergamino.

h) Hornee durante 12-15 minutos o hasta que estén dorados.
i) Retirar del horno y dejar enfriar un poco.
j) Corta los bizcochos por la mitad horizontalmente. Unte cuajada de limón en la mitad inferior, luego agregue una capa de frambuesas frescas y fresas en rodajas. Cubra con la otra mitad del bizcocho y sirva con crema batida.

18. Magdalenas de hierbaluisa

INGREDIENTES:
- 2 tazas de harina para pastel sin tamizar
- 1 cucharadita de polvo para hornear
- $\frac{1}{2}$ cucharadita de sal
- 1 taza de mantequilla sin sal, a temperatura ambiente
- 1 $\frac{2}{3}$ tazas de azúcar granulada
- 5 huevos grandes
- 1 $\frac{1}{2}$ cucharaditas de extracto de vainilla
- Sirope de verbena de limón (la receta sigue)
- Sirope de hierbaluisa:
- $\frac{1}{2}$ taza de agua
- $\frac{1}{2}$ taza de azúcar granulada
- $\frac{1}{4}$ de taza de hojas frescas de hierbaluisa, ligeramente empaquetadas (o 2 cucharadas de hojas secas de hierbaluisa)

INSTRUCCIONES:

a) Precalienta el horno a 325 grados Fahrenheit (160 grados Celsius) y coloca la rejilla en el centro del horno. Engrase moldes para magdalenas con mantequilla blanda y espolvoréelos con harina, sacando el exceso de harina. Dejar de lado.

b) En un bol, tamice la harina para pastel, el polvo para hornear y la sal. Deja la mezcla seca a un lado.

c) En un tazón con una batidora eléctrica equipada con un accesorio de paleta, bata la mantequilla sin sal hasta que quede suave y esponjosa.

d) Agrega poco a poco el azúcar granulada a la mantequilla y continúa batiendo hasta que la mezcla quede muy ligera y cremosa.

e) Agrega los huevos a la mezcla uno a la vez, batiendo bien después de cada adición. Agregue el extracto de vainilla.

f) Mezcle gradualmente la mezcla de harina seca con la masa húmeda hasta que todo esté bien combinado.

g) Con una espátula, coloque la masa en los moldes para magdalenas preparadas, nivelándola por completo. Limpia los bordes de la sartén con una toalla de papel.

h) Hornea las magdalenas en el horno precalentado durante unos 10 a 15 minutos o hasta que los pasteles hayan subido y estén dorados por encima. Inserta un probador en el centro de una magdalena; Debe salir limpio cuando estén completamente horneados.

i) Saca las magdalenas del horno y desliza un cuchillo por los lados para despegarlas. Incline los pasteles sobre una rejilla, con el lado derecho hacia arriba.

j) Mientras las magdalenas aún estén calientes, use una brocheta fina para hacer un agujero en la parte superior de cada pastel.

k) Prepare el jarabe de hierbaluisa: en una cacerola pequeña, combine el agua, el azúcar granulada y las hojas frescas de hierbaluisa. Lleva la mezcla a fuego lento, revolviendo hasta que el azúcar se disuelva. Retire la cacerola del fuego y deje reposar el almíbar durante unos 10 minutos. Colar el almíbar para retirar las hojas de hierbaluisa.

l) Vierta 1 cucharadita de jarabe de verbena de limón tibio sobre cada magdalena, permitiendo que se remoje e infunda los pasteles con su delicioso sabor.

m) Deje que las magdalenas se enfríen por completo y luego guárdelas en un recipiente hermético.

n) Disfrute de estas deliciosas magdalenas de hierbaluisa, infundidas con la esencia aromática de hierbaluisa. Son una delicia deliciosa para acompañar su té o café, y el almíbar fragante agrega un toque extra de dulzura y sabor. Guarde las sobras en un recipiente hermético para mantener su frescura.

19. Brownies de Limón

INGREDIENTES:
- 1 taza de mantequilla sin sal, derretida
- 2 tazas de azúcar granulada
- 4 huevos grandes
- 1 cucharadita de extracto de vainilla
- 1 cucharada de ralladura de limón
- 2 cucharadas de jugo de limón fresco
- 1 ½ tazas de harina para todo uso
- ½ cucharadita de sal
- ½ taza de azúcar en polvo (para espolvorear)

INSTRUCCIONES:
a) Precalienta el horno a 350°F y engrasa una fuente para hornear de 9x13 pulgadas.
b) En un tazón grande, mezcle la mantequilla derretida y el azúcar granulada hasta que estén bien combinados.
c) Agrega los huevos, el extracto de vainilla, la ralladura de limón y el jugo de limón y revuelve hasta que quede suave.
d) En un recipiente aparte, mezcle la harina y la sal.
e) Agregue gradualmente los ingredientes secos a los ingredientes húmedos, mezclando hasta que estén combinados.
f) Vierta la masa en la fuente para hornear preparada y extiéndala uniformemente.
g) Hornee durante 25-30 minutos, o hasta que al insertar un palillo en el centro salga con algunas migas húmedas.
h) Deja que los brownies se enfríen por completo.
i) Espolvoree la parte superior con azúcar en polvo.
j) Cortar en cuadrados y servir.

20. Mini barras de limón

INGREDIENTES:
- 1 taza de harina para todo uso
- $\frac{1}{4}$ taza de azúcar en polvo
- $\frac{1}{2}$ taza de mantequilla sin sal, ablandada
- 2 huevos grandes
- 1 taza de azúcar granulada
- 2 cucharadas de harina para todo uso
- $\frac{1}{4}$ cucharadita de polvo para hornear
- 2 cucharadas de jugo de limón
- Ralladura de 1 limón
- Azúcar en polvo (para espolvorear)

INSTRUCCIONES:
a) Precalienta el horno a 350°F (175°C).

b) En un tazón, combine 1 taza de harina, $\frac{1}{4}$ de taza de azúcar en polvo y la mantequilla blanda hasta que se desmorone.

c) Presione la mezcla en el fondo de un molde para hornear engrasado de 8x8 pulgadas.

d) Hornee la base durante 15 a 20 minutos o hasta que esté ligeramente dorada.

e) En otro tazón, mezcle los huevos, el azúcar granulada, 2 cucharadas de harina, el polvo para hornear, el jugo de limón y la ralladura de limón hasta que estén bien combinados.

f) Vierta la mezcla de limón sobre la base horneada.

g) Hornee por 20-25 minutos más o hasta que la parte superior esté firme y ligeramente dorada.

h) Deje que las mini barras de limón se enfríen por completo y luego córtelas en cuadrados del tamaño de un bocado.

i) Espolvoree la parte superior con azúcar en polvo antes de servir.

21. Trufas De Limonada

INGREDIENTES:

- 26 onzas de chocolate blanco, dividido
- 6 cucharadas de mantequilla
- 1 cucharada de ralladura de limón
- 1 cucharadita de jugo de limón
- ⅓ cucharadita de ácido tartárico Una pizca de sal
- 2 cucharadas de confitura de fresa

INSTRUCCIONES:

a) Templa todo el chocolate blanco siguiendo este método y comprueba que tienes buen humor untando un poco de chocolate en la encimera.

b) Esto debe configurarse en 2 minutos. Reserve 16 onzas.

c) Suaviza la mantequilla en el microondas y luego amasa en una almohada de papel pergamino (ver aquí) hasta que la mantequilla esté tibia y tenga la consistencia de una crema facial.

d) Mezcle la mantequilla con 10 onzas de chocolate templado hasta que la mezcla esté bien combinada y luzca sedosa.

e) Agrega los ingredientes restantes y revuelve bien.

f) Coloca la ganache en moldes cuadrados de 1 pulgada.

g) Déjelo reposar en la encimera o colóquelo en el refrigerador durante 20 minutos para que se endurezca.

h) Estarán listos para mojar cuando la ganache salga limpia del molde.

i) Con un tenedor de dos puntas, sumerja las trufas en las 16 onzas restantes de chocolate blanco templado.

j) Decora colocando manteca de cacao rosa y amarilla encima de cada trufa antes de mojar la siguiente.

k) Deje reposar en un lugar fresco durante 10 a 20 minutos antes de quitar la hoja de transferencia.

l) Guárdelo hasta por 3 semanas a temperatura ambiente en un lugar oscuro, alejado de olores y calor.

POSTRE

22. Macarrones con glaseado de espejo de limón

INGREDIENTES:
PARA LAS CONCHAS DE MACARON:
- 1 taza de harina de almendras
- 1 taza de azúcar en polvo
- 2 claras de huevo grandes, a temperatura ambiente
- ¼ taza de azúcar granulada
- Ralladura de 1 limón
- Colorante alimentario en gel amarillo (opcional)

PARA EL RELLENO DE CUD DE LIMÓN:
- Jugo de 2 limones
- Ralladura de 1 limón
- ½ taza de azúcar granulada
- 2 huevos grandes
- 4 cucharadas (56 g) de mantequilla sin sal, en cubos

PARA EL GLASEADO ESPEJO DE LIMÓN:
- ½ taza de agua
- 1 taza de azúcar granulada
- ½ taza de jarabe de maíz ligero
- ½ taza (60 g) de jugo de limón sin azúcar
- 2 cucharadas de gelatina en polvo
- Colorante alimentario en gel amarillo (opcional)

INSTRUCCIONES:
HACER LAS CONCHAS DE MACARON:
a) Forre dos bandejas para hornear con papel pergamino o tapetes de silicona para hornear.

b) En un procesador de alimentos, combine la harina de almendras y el azúcar en polvo. Pulse hasta que esté bien combinado y de textura fina. Transfiera a un plato mezclador más grande.

c) En otro bol batir las claras hasta que estén espumosas. Agrega poco a poco el azúcar granulada sin dejar de batir. Batir a punto de nieve. Opcionalmente, agrega unas gotas de colorante alimentario en gel amarillo y ralladura de limón, y mezcla hasta distribuir uniformemente.

d) Incorpora suavemente la mezcla de harina de almendras a la mezcla de clara de huevo con una espátula. Doble hasta que la masa esté suave y tenga una consistencia similar a una cinta. Tenga cuidado de no mezclar demasiado.

e) Transfiera la masa de macarrones a una manga pastelera con punta redonda.

f) Coloque pequeñas rondas (de aproximadamente 1 pulgada de diámetro) en las bandejas para hornear preparadas, dejando espacio entre cada una. Golpee las bandejas para hornear sobre la encimera para liberar las burbujas de aire.

g) Deje que los macarons entubados reposen a temperatura ambiente durante unos 30 minutos hasta que se forme una piel en la superficie. Este paso es crucial para una cáscara suave.

h) Mientras reposan los macarons, precalienta el horno a 300°F (150°C).

i) Hornea los macarons durante 15 minutos, girando las bandejas para hornear a la mitad.

j) Retire los macarons del horno y déjelos enfriar en las bandejas para hornear durante unos minutos antes de transferirlos a una rejilla para que se enfríen por completo.

PREPARAR EL RELLENO DE cuajada de limón:

k) En una cacerola, combine el jugo de limón, la ralladura de limón, el azúcar granulada y los huevos. Batir a fuego medio hasta que la mezcla espese, aproximadamente de 5 a 7 minutos.

l) Retire la cacerola del fuego y agregue la mantequilla en cubitos hasta que esté completamente incorporada.

m) Transfiera la cuajada de limón a un tazón, cúbrala con una envoltura de plástico (tocando directamente la superficie para evitar que se forme una piel) y refrigere hasta que esté fría y firme, aproximadamente 1 hora.

MONTAJE DE LOS MACARONS:

n) Une las cáscaras de macarrón en pares de tamaño similar.

o) Llene una manga pastelera con el relleno de cuajada de limón y coloque una pequeña cantidad en una cáscara de macarrón de cada par.

p) Presione suavemente la segunda cáscara encima para crear un sándwich. Repita con los macarons restantes.

q) Hacer el glaseado de espejo de limón:

r) En un tazón pequeño, combine la gelatina en polvo con 2 cucharadas de agua fría. Déjalo florecer durante unos minutos.

s) En una cacerola, combine el agua, el azúcar granulada y el jarabe de maíz. Llevar a ebullición a fuego medio, revolviendo constantemente hasta que el azúcar se haya disuelto.

t) Retire la mezcla del fuego y agregue el jugo de limón, revolviendo para combinar.

u) Agrega la gelatina florecida a la mezcla de limón y revuelve hasta que la gelatina se disuelva por completo.

v) Si lo desea, agregue unas gotas de colorante alimentario en gel amarillo para obtener un color limón vibrante.

ESMALTAR LOS MACARONS:

w) Coloque una rejilla sobre una bandeja para hornear para recoger el exceso de glaseado.

x) Sostenga cada macarrón por la parte superior y sumerja suavemente la parte inferior en el glaseado de espejo de limón. Deje que escurra el exceso de glaseado.

y) Coloque los macarons glaseados sobre la rejilla para que reposen durante unos 30 minutos hasta que el glaseado esté firme.

z) Guarde los macarrones con glaseado de espejo de limón en un recipiente hermético en el refrigerador hasta por tres días. ¡Disfruta de tus deliciosas delicias de limón!

23. Éclairs de pistacho y limón

INGREDIENTES:

PARA LIMONES CONFIADOS (OPCIONAL):
- 10 sunquats (mini limones)
- 2 tazas de agua
- 2 tazas de azúcar

PARA PASTA DE PISTACHO:
- 60 g de pistachos con cáscara (sin tostar)
- 10 g de aceite de semilla de uva

PARA LA CREMA DE MOUSSELINA DE PISTACHO Y LIMÓN:
- 500 gramos de leche
- Ralladura de 2 limones
- 120 gramos de yema
- 120 gramos de azúcar
- 40 g de maicena
- 30 g de pasta de pistacho (o 45 g si se compra en la tienda)
- 120 g de mantequilla blanda (cortada en cubos)

PARA MAZAPÁN DE PISTACHO:
- 200 g de mazapán
- 15 g de pasta de pistacho
- Colorante alimentario verde (gel)
- Un poco de azúcar glass

PARA PASTELERÍA CHOUX:
- 125 gramos de mantequilla
- 125 gramos de leche
- 125 gramos de agua
- 5 gramos de azúcar
- 5 gramos de sal
- 140 gramos de harina
- 220 gramos de huevos

PARA ESMALTE:
- 200 g de nappage neutre (glaseado de gelatina neutro)
- 100 gramos de agua
- Colorante alimentario verde (gel)

PARA DECORACIÓN:
- Pistachos molidos

INSTRUCCIONES:

LIMONES CONFIADOS (OPCIONAL):

a) Prepara un baño de hielo (un cazo con agua y hielo) y resérvalo.

b) Utilice un cuchillo afilado para cortar rodajas finas de limón. Deseche las semillas.

c) En otra cacerola, hierva agua. Retirar del fuego e inmediatamente agregar las rodajas de limón al agua caliente. Mezcle hasta que las rodajas se ablanden (aproximadamente un minuto).

d) Vierta el agua caliente a través de un colador y luego ponga las rodajas de limón en el baño de hielo por un segundo. Vierta agua helada usando el colador.

e) En una olla grande a fuego alto, combine el agua y el azúcar. Mezclar hasta que el azúcar se derrita y luego llevar a ebullición.

f) Reduce el fuego a medio y usa unas pinzas para colocar las rodajas de limón en el agua para que floten. Cocine a fuego lento hasta que la cáscara se vuelva transparente, aproximadamente $1\frac{1}{2}$ horas.

g) Retire los limones con unas pinzas y colóquelos en una rejilla para enfriar. Coloque un trozo de papel de horno debajo de la rejilla para enfriar para recoger el almíbar que gotee de las rodajas de limón.

PASTA DE PISTACHO:
h) Precalienta el horno a 160°C (320°F).
i) Ase los pistachos en una bandeja para horno durante unos 7 minutos hasta que se doren ligeramente. Déjalos enfriar.
j) Muele los pistachos enfriados hasta convertirlos en polvo en un procesador de alimentos pequeño. Agrega el aceite y muele nuevamente hasta que quede una pasta. Guárdalo en el frigorífico hasta su uso.
k) Crema de muselina de pistacho y limón:
l) Lleva la leche a ebullición. Apagar el fuego, agregar la ralladura de limón, tapar y dejar reposar durante 10 minutos.
m) En un bol, combine las yemas de huevo y el azúcar. Batir inmediatamente, luego agregar la maicena y batir nuevamente.
n) Agrega la leche tibia mientras bates. Vierta la mezcla a través de un colador en una cacerola limpia, desechando la ralladura de limón que queda en el colador.
o) Calienta a fuego medio y bate hasta que la mezcla espese y se vuelva cremosa. Alejar del calor.
p) Pasar la nata al bol que contiene la pasta de pistacho. Batir hasta que esté uniforme. Cubrir con film transparente para evitar que se forme una costra y refrigerar.
q) Cuando la nata alcance los 40°C (104°F), agregue poco a poco la mantequilla blanda y mezcle bien. Cubrir con film transparente y refrigerar.
PASTELERÍA CHOUX:
r) Tamiza la harina y resérvala.

s) En una cacerola agrega la mantequilla, la leche, el agua, el azúcar y la sal. Calienta a fuego medio-alto hasta que la mantequilla se derrita y la mezcla hierva.

t) Retire del fuego, agregue inmediatamente la harina de una vez y mezcle bien hasta que se forme una mezcla uniforme, parecida al puré de papas. Esta es la mezcla panade.

u) Seque la panade durante aproximadamente un minuto a fuego lento, revolviendo con una espátula, hasta que comience a retirarse de los lados de la cacerola y se solidifique.

v) Transfiera la panade a un tazón y enfríe un poco. En un recipiente aparte, bata los huevos y agréguelos gradualmente a la batidora, esperando que se combinen cada adición antes de agregar más.

w) Mezcle a velocidad media-baja hasta que la masa esté suave, brillante y estable.

x) Precalienta el horno a 250°C (480°F). Cubre una bandeja para hornear con papel pergamino o una fina capa de mantequilla.

y) Coloque tiras de masa de 12 cm de largo sobre la bandeja. No abra la puerta del horno durante el horneado.

z) Pasados los 15 minutos, abre ligeramente la puerta del horno (aproximadamente 1 cm) para que salga el vapor. Ciérrelo y ajuste la temperatura a 170°C (340°F). Hornee durante 20-25 minutos hasta que los éclairs se doren.

aa) Repita con la masa restante.

MAZAPÁN DE PISTACHO:

bb) Corta el mazapán en cubos y mezcla con una batidora plana hasta que esté suave y uniforme. Agregue la pasta de pistacho y el colorante verde (si lo desea) y mezcle hasta que quede uniforme.

cc) Estirar el mazapán hasta que tenga un grosor de 2 mm y cortar tiras para que quepan en los éclairs.

ASAMBLEA:

dd) Corta dos pequeños agujeros en el fondo de cada éclair.

ee) Rellenar cada éclair con la crema de pistacho y limón por los agujeros.

ff) Cepille un poco de glaseado en un lado de cada tira de mazapán y péguelo a los éclairs.

gg) Sumerja cada éclair en el glaseado, dejando que escurra el exceso de glaseado.

hh) Decorar con rodajas de limón confitado o pistachos picados.

ii) Refrigere hasta que esté listo para servir.

24. Tarta De Goji, Pistacho Y Limón

INGREDIENTES:
PARA LA CORTEZA DE PISTACHO CRUDA VEGANA:
- $1\frac{1}{2}$ tazas de harina de almendras o harina de almendras
- $\frac{1}{2}$ taza de pistachos
- 3 fechas
- $1\frac{1}{2}$ cucharada de aceite de coco
- $\frac{1}{2}$ cucharadita de cardamomo molido en polvo
- $\frac{1}{8}$ cucharadita de sal

RELLENO:
- $1\frac{1}{2}$ tazas de crema de coco
- 1 taza de jugo de limón
- 1 cucharada de maicena
- 2 cucharaditas de agar-agar
- $\frac{1}{4}$ de taza de jarabe de arce
- $\frac{1}{2}$ cucharadita de cúrcuma molida en polvo
- 1 cucharadita de extracto de vainilla
- $\frac{1}{2}$ cucharadita de extracto de goji

ADORNOS:
- un puñado de bayas de goji
- Dragon de fruta
- flores comestibles
- corazones de chocolate

INSTRUCCIONES:
CUBIERTA DE TARTA
a) Licue la harina de almendras y los pistachos en un procesador de alimentos/licuadora hasta obtener una migaja fina.

b) Agrega el resto de los ingredientes de la base y mezcla bien hasta obtener una mezcla uniforme y pegajosa.

c) Agrega la masa de base a un molde para tarta y extiéndela uniformemente dentro de la base.
d) Dejar enfriar en el frigorífico, mientras preparas el relleno.

RELLENO

e) Calienta la crema de coco en una cacerola mediana, revolviendo bien hasta que quede suave y uniforme.
f) Agrega el resto de los ingredientes del relleno, incluida la maicena y el agar agar.
g) Sin dejar de remover, llevar a ebullición y cocinar unos minutos hasta que empiece a espesar.
h) Cuando la mezcla espese, retírala del fuego y déjala enfriar durante 10-15 minutos.
i) Luego vierte sobre la base y deja enfriar por completo.
j) Metemos en el frigorífico al menos un par de horas, hasta que el relleno esté completamente cuajado.
k) Decora con bayas de goji, bolas de fruta del dragón y flores comestibles, o con tus aderezos favoritos.

25. Pastel de merengue de limón y pistacho

INGREDIENTES:
- 1 ración de pistacho crujiente
- ½ onza de chocolate blanco derretido
- 1⅓ tazas de cuajada de limón
- 1 taza de azúcar
- ½ taza de agua
- 3 claras de huevo
- ¼ taza de cuajada de limón

INSTRUCCIONES:
a) Vierta el crujiente de pistacho en un molde para pastel de 10 pulgadas. Con los dedos y las palmas de las manos, presione firmemente el crujiente en el molde para pastel, asegurándose de que el fondo y los lados queden cubiertos uniformemente. Reserva mientras haces el relleno; Envuelta en plástico, la corteza se puede refrigerar hasta por 2 semanas.

b) Con una brocha de repostería, pinte una fina capa de chocolate blanco en el fondo y los lados de la corteza. Pon la base en el congelador durante 10 minutos para que cuaje el chocolate.

c) Coloque 1⅓ de taza de cuajada de limón en un tazón pequeño y revuelva para aflojar un poco. Raspe la cuajada de limón hasta formar una costra y use el dorso de una cuchara o una espátula para esparcirla en una capa uniforme. Coloque el pastel en el congelador durante unos 10 minutos para ayudar a fijar la capa de cuajada de limón.

d) Mientras tanto, combine el azúcar y el agua en una cacerola pequeña de fondo grueso y mezcle suavemente el azúcar en el agua hasta que se sienta como arena húmeda. Coloque la cacerola a fuego medio y caliente la mezcla a

239°F, controlando la temperatura con un termómetro de lectura instantánea o para dulces.

e) Mientras se calienta el azúcar, ponga las claras de huevo en el tazón de una batidora de pie y, con el accesorio para batir, comience a batirlas hasta obtener picos medio-suaves.

f) Una vez que el almíbar de azúcar alcance los 239 °F, retírelo del fuego y con mucho cuidado viértalo en las claras de huevo para batir, asegurándose de evitar el batidor: baje la batidora a velocidad muy baja antes de hacer esto, a menos que desee una quemadura interesante. marcas en tu cara.

g) Una vez que todo el azúcar se haya agregado con éxito a las claras, vuelva a subir la velocidad de la batidora y deje que el merengue bata hasta que se haya enfriado a temperatura ambiente.

h) Mientras se bate el merengue, ponga $\frac{1}{4}$ de taza de cuajada de limón en un tazón grande y revuelva con una espátula para aflojar un poco.

i) Cuando el merengue se haya enfriado a temperatura ambiente, apaga la batidora, retira el bol e incorpora el merengue a la crema de limón con la espátula hasta que no queden rayas blancas, con cuidado de no desinflar el merengue.

j) Saca la tarta del congelador y coloca el merengue de limón encima de la cuajada de limón. Con una cuchara, extienda el merengue en una capa uniforme, cubriendo completamente la cuajada de limón.

k) Sirva o guarde el pastel en el congelador hasta que esté listo para usar. Envuelto herméticamente en plástico una vez congelado, se mantendrá en el congelador hasta por 3 semanas. Deje que el pastel se descongele durante la noche en el refrigerador o durante al menos 3 horas a temperatura ambiente antes de servir.

26. Tarta mousse de fresa y limón

INGREDIENTES:
- 1 taza Harina para todo uso 250 mL
- ⅓ taza de avellanas o pistachos tostados; picado muy fino
- 2 cucharadas de azúcar granulada 25 mL
- ½ taza de mantequilla sin sal; cortado en trozos pequeños 125 mL
- 1 yema de huevo 1
- 1 cucharada de jugo de limón 15 mL
- 2 onzas de bizcocho casero o comercial 60 g
- 4 tazas Fresas frescas 1 L
- 1 Sobre de gelatina sin sabor 1
- ¼ taza Agua fría 50 mL
- 4 yemas de huevo 4
- ¾ taza de azúcar granulada; dividido 175 ml
- ¾ taza Jugo de limón 175 mL
- 1 cucharada de piel de limón finamente rallada 15 ml
- 4 onzas Queso crema 125 g
- 1¾ taza de crema para batir 425 ml
- Pistachos tostados y picados
- Azúcar glas tamizado

INSTRUCCIONES:
a) Precalienta el horno a 375F/190C.

b) Para hacer la masa, en un tazón grande, combine la harina con las nueces y el azúcar granulada. Corta la mantequilla hasta que quede en pedacitos pequeños.

c) Combine la yema de huevo con el jugo de limón. Espolvorea sobre la mezcla de harina y junta la masa formando una bola. Enrolle o presione para que quepa en el fondo de un molde desmontable de 9 o 10 pulgadas/23 o 25 cm.

d) Hornee de 20 a 25 minutos o hasta que esté ligeramente dorado. Partir el bizcocho en trozos pequeños y espolvorear encima de la masa.

e) Reserva ocho de las mejores fresas para la parte superior. Pele las bayas restantes.

f) Corte unas doce bayas del mismo tamaño por la mitad y colóquelas alrededor del borde del molde con el lado cortado de las bayas presionado contra el borde. Coloque las bayas restantes para que quepan dentro del molde con las puntas hacia arriba.

g) Para hacer el relleno, espolvorea gelatina sobre agua fría en una cacerola pequeña.

h) Deje que se ablande durante 5 minutos. Calentar suavemente hasta que se disuelva.

i) En una cacerola mediana, bata 4 yemas de huevo con $\frac{1}{2}$ taza/125 ml de azúcar granulada hasta que estén suaves. Incorporar el jugo de limón y pelar. Cocine, revolviendo constantemente, hasta que la mezcla espese y hierva. Agregue la gelatina disuelta. Fresco.

j) En un tazón grande, bata el queso crema con el $\frac{1}{4}$ de taza/50 ml restante de azúcar granulada. Incorpora la crema de limón fría.

k) En un recipiente aparte, bata la crema para batir hasta que esté suave. Incorporar a la crema de limón.

l) Vierta sobre las bayas. Agite la sartén suavemente para que la mezcla de limón caiga entre las bayas y la parte superior quede uniforme. Refrigere de 3 a 4 horas o hasta que cuaje.

m) Pasa un cuchillo por el borde de la sartén y retira los lados.

n) Coloque el pastel en un plato para servir. (Retire el fondo desmontable solo si se desprende fácilmente). Coloque tiras de papel encerado de 1 pulgada/$2\frac{1}{2}$ cm encima del pastel, dejando espacios entre ellas.

o) Espolvorea los espacios con pistachos. Retire el papel con cuidado. Deje las cáscaras de las bayas reservadas y córtelas por la mitad. Coloque las bayas en filas a lo largo de tiras vacías. Espolvorear con azúcar glas.

p) Refrigere hasta que esté listo para servir.

27. Mousse de limón, cereza y nueces

INGREDIENTES:
- ½ taza de almendras naturales enteras
- 1 Sobre de gelatina sin sabor
- 3 cucharadas de jugo de limón
- 1 taza de azúcar granulada; dividido
- 1 lata (12 onzas) de leche evaporada
- 1 lata (21 onzas) de relleno y cobertura para pastel de cerezas
- 2 cucharaditas de piel de limón rallada
- ¼ cucharadita de extracto de almendras
- 4 claras de huevo

INSTRUCCIONES:
a) Extienda las almendras en una sola capa sobre una bandeja para hornear. Hornee en un horno calentado a 350 grados durante 12 a 15 minutos, revolviendo ocasionalmente, hasta que esté ligeramente tostado. Dejar enfriar y picar finamente.

b) Espolvoree gelatina sobre 3 cucharadas de agua en una cacerola pequeña y pesada. Dejar reposar durante 2 minutos hasta que la gelatina haya absorbido agua.

c) Agrega el jugo de limón y ½ taza de azúcar; Revuelve la mezcla a fuego lento hasta que la gelatina y el azúcar se hayan disuelto por completo y el líquido esté transparente.

d) Vierta la leche evaporada en un tazón grande para mezclar; agregue el relleno de pastel de cerezas, la cáscara de limón y el extracto de almendras. Agregue la mezcla de gelatina disuelta y mezcle bien.

e) Enfríe hasta que la mezcla esté espesa y tenga una consistencia similar a la de un pudín.

f) Batir las claras hasta que estén ligeras y espumosas. Agrega poco a poco el azúcar restante.

g) Continúe batiendo hasta que se forme un merengue rígido. Incorpora el merengue a la mezcla de cerezas. Incorpora suavemente las almendras picadas.

h) Vierta la mousse en 8 tazones para servir. Cubra y enfríe durante al menos 2 horas o toda la noche antes de servir.

28. Tarta helada de limón con salsa de ruibarbo

INGREDIENTES:
PARA LA CORTEZA:
- 3 tazas de almendras fileteadas blanqueadas y tostadas (aproximadamente 12 onzas)
- ½ taza de azúcar
- 5 cucharadas de margarina, derretida
- ¼ cucharadita de canela molida
- ⅓ taza de conservas de fresa

PARA LA TORTA:
- 3 pintas de helado, sorbete o sorbete de limón o piña
- 1 taza de azúcar
- ½ taza de agua
- 1 vaina de vainilla, partida a lo largo

PARA LA SALSA DE FRESA Y RUIBARBO:
- 1 bolsa de 20 onzas de ruibarbo congelado sin azúcar
- 1 bolsa de 20 onzas de fresas congeladas sin azúcar
- 1 cesta de litro de fresas frescas
- Ramitas de menta fresca (para decorar)

INSTRUCCIONES:
PARA LA CORTEZA:
a) En un procesador de alimentos, combine las almendras tostadas y el azúcar. Procese hasta que esté finamente picado.

b) Transfiera la mezcla de almendras y azúcar a un tazón mediano.

c) Mezcle la margarina derretida y la canela molida con la mezcla de almendras hasta que estén bien combinados.

d) Transfiera la mezcla de almendras a un molde desmontable de 9 pulgadas de diámetro. Use una envoltura de plástico para ayudar a presionar la mezcla de almendras firmemente 2 pulgadas por los lados y uniformemente sobre el fondo de la sartén. Congela la base durante 15 minutos.

e) Precalienta tu horno a 350°F (175°C). Coloque el molde con la corteza en una bandeja para hornear y hornee por 20 minutos, o hasta que la corteza esté firme y ligeramente dorada. Si los lados de la corteza se resbalan durante el horneado, presiónelos nuevamente en su lugar con el dorso de un tenedor.

f) Transfiera la sartén a una rejilla y deje que la corteza se enfríe por completo.

g) Derrita las confituras de fresa en una cacerola pequeña y pesada. Vierta las conservas derretidas en la base enfriada y extiéndala para cubrir el fondo. Deja enfriar.

PARA LA TORTA:

h) Ablanda muy ligeramente el hielo, el sorbete o el sorbete de limón o piña y extiéndelo en la sartén sobre la base. Congele hasta que esté firme. Puedes preparar este paso con un día de anticipación; simplemente cubra y congele.

PARA LA SALSA DE FRESA Y RUIBARBO:

i) En una cacerola mediana y pesada, combine $\frac{1}{2}$ taza de azúcar y $\frac{1}{2}$ taza de agua. Raspe las semillas de la vaina de vainilla y agréguelas a la cacerola junto con la vaina de vainilla partida. Cocine a fuego lento durante 5 minutos.

j) Agrega la $\frac{1}{2}$ taza de azúcar restante y revuelve para que se disuelva.

k) Agrega el ruibarbo a la cacerola. Déjelo hervir, luego reduzca el fuego, cubra y cocine a fuego lento hasta que el ruibarbo esté tierno, lo que debería tomar unos 8 minutos.

l) Agrega las fresas congeladas a la cacerola y deja que hierva a fuego lento. Deja que la salsa se enfríe. Cúbrelo y refrigéralo hasta que esté bien frío. Este paso también se puede preparar con un día de antelación.
m) Retire la vaina de vainilla de la salsa.

ASAMBLEA:
n) Corta entre la corteza y los lados del molde con un cuchillo pequeño y afilado. Retire los lados de la sartén.
o) Vierta ½ taza de salsa de fresa y ruibarbo sobre el centro de la torta.
p) Coloque fresas frescas en el centro y decore con ramitas de menta fresca.
q) Corta la torta en rodajas y sírvela con salsa adicional.
r) ¡Disfruta de tu deliciosa tarta helada de limón con salsa de fresa y ruibarbo! Es un postre refrescante y elegante.

29. Pudín de nube de limón y ruibarbo

INGREDIENTES:
- 1 ¼ tazas de azúcar
- ¼ taza de maicena
- ¼ cucharadita de sal
- 1 ¼ tazas de agua
- 4 huevos grandes
- 1 taza de ruibarbo fresco picado o congelado
- 1 cucharada de corteza de limón rallada
- ⅓ taza de jugo de limón
- ¼ cucharadita de crémor tártaro

INSTRUCCIONES:

a) En una cacerola de 2 cuartos, combine ¼ de taza de azúcar, maicena y sal. Agregue gradualmente el agua con un batidor de varillas hasta que la maicena esté uniformemente dispersa en el agua.

b) Calienta la mezcla a fuego medio, revolviendo constantemente, hasta que hierva y espese hasta formar una consistencia similar a un pudín. Retire el pudín del fuego.

c) Separar los huevos, colocando las claras en un bol mediano y las yemas en un bol pequeño. Batir ligeramente las yemas y añadir un poco del pudín. Luego, regresa la mezcla de yemas a la cacerola del pudín, revolviendo hasta que esté bien mezclada. Incorpora el ruibarbo picado.

d) Regrese la mezcla a fuego medio y caliéntela hasta que hierva, revolviendo constantemente. Reduzca el fuego a bajo y continúe cocinando, revolviendo ocasionalmente, hasta que el ruibarbo se ablande, lo que debería tomar unos 5 minutos.

e) Retire el pudín del fuego. Agregue la ralladura de limón y el jugo de limón. Vierta el pudín en un recipiente o cacerola poco profundo apto para horno de $1\frac{1}{2}$ cuarto de galón.

f) Precalienta tu horno a 350°F (175°C).

g) Con una batidora eléctrica a velocidad alta, bata las claras reservadas y el crémor tártaro hasta que queden suaves y esponjosas.

h) Incorpora gradualmente la $\frac{1}{2}$ taza de azúcar restante hasta que se forme un merengue rígido y los picos mantengan su forma cuando se levanta lentamente la batidora.

i) Extiende el merengue sobre el pudín, asegurándote de que selle hasta el borde del bol. Puedes crear picos decorativos encima del merengue.

j) Hornea en el horno precalentado de 12 a 15 minutos o hasta que el merengue esté dorado.

k) Puedes servir el pudín tibio o dejar que se enfríe a temperatura ambiente y luego refrigerarlo para servirlo frío.

l) ¡Disfruta de tu delicioso pudín de nube de limón y ruibarbo! Es un postre delicioso con un equilibrio perfecto de sabores dulces y picantes.

30. Pastel de tofu y limón con ruibarbo

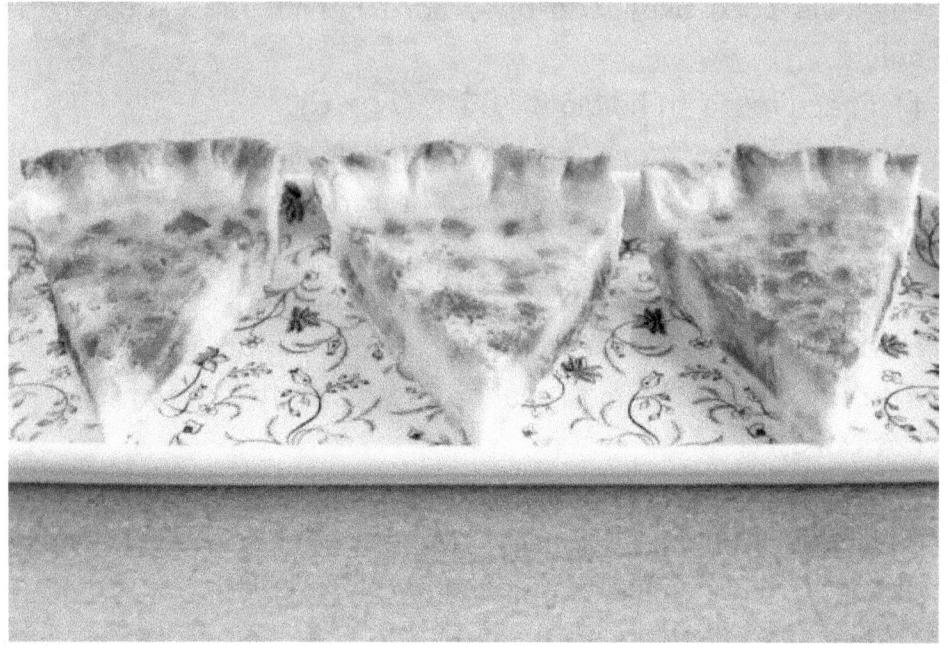

INGREDIENTES:

- 5 tallos de ruibarbo, lavados,
- 1 manzana Granny Smith, pelada
- Docenas de fresas grandes
- 6 onzas de tofu firme (bajo en grasa)
- Jugo de ½ limón
- ¼ de taza + 2 cucharadas de azúcar
- 2 cucharadas de harina integral
- 2 cucharaditas de azúcar + 2 t de trigo integral
- Harina

INSTRUCCIONES:

a) En una arrocera añadir un poco de agua y los tallos de ruibarbo picados. Cocine tapado durante varios minutos. Agrega la manzana en cubos, las fresas y ¼ de taza de azúcar.

b) Haga puré el tofu en un procesador de alimentos o picadora hasta que quede muy suave. Agregue jugo de limón, 2 cucharadas de azúcar, 2 cucharadas de harina integral y procese hasta que esté bien mezclado.

c) Forre un molde para pastel de 8 "con aceite y espolvoree para cubrir con una mezcla de azúcar y harina integral, aproximadamente 2 t cada uno. Extienda la mezcla de tofu en el molde para pastel. Hornee a 400 F durante unos minutos.

d) Vierta la mezcla de ruibarbo en un colador fino y escurra el jugo. Vierta el resto de la mezcla de ruibarbo sobre el tofu de limón horneado.

31. Sorbete de limón

INGREDIENTES:
- 1 taza de jugo de limón recién exprimido
- 1 taza de agua
- 1 taza de azúcar granulada

INSTRUCCIONES:

a) En una cacerola, combine el agua y el azúcar. Calienta a fuego medio hasta que el azúcar se disuelva por completo, creando un almíbar simple.

b) Deje que el almíbar simple se enfríe a temperatura ambiente.

c) Mezclar el jugo de limón recién exprimido con el almíbar.

d) Vierte la mezcla en una heladera y bate según las instrucciones del fabricante.

e) Transfiera el sorbete de limón a un recipiente hermético y congélelo por un par de horas hasta que esté firme.

f) Sirva una pequeña cucharada de sorbete de limón entre platos para limpiar el paladar.

32. Mini Tartaletas De Limón

INGREDIENTES:
PARA LAS CÁSCARAS DE TARTA:
- 1 ¼ tazas de harina para todo uso
- ¼ taza de azúcar en polvo
- ½ taza de mantequilla sin sal, fría y en cubos

PARA EL RELLENO DE LIMÓN:
- ¾ taza de azúcar granulada
- 2 cucharadas de maicena
- ¼ cucharadita de sal
- 3 huevos grandes
- ½ taza de jugo de limón recién exprimido
- Ralladura de 2 limones
- ¼ de taza de mantequilla sin sal, en cubos

INSTRUCCIONES:
a) En un procesador de alimentos, combine la harina y el azúcar en polvo. Agregue la mantequilla fría en cubos y presione hasta que la mezcla parezca migajas gruesas.

b) Presione la mezcla en moldes para mini tartaletas, cubriendo el fondo y los lados de manera uniforme. Pinchar las bases con un tenedor.

c) Enfríe las bases de tarta en el frigorífico durante unos 30 minutos.

d) Precalienta tu horno a 350°F (175°C).

e) Hornee las bases de tarta durante 12-15 minutos o hasta que se doren. Déjalos enfriar por completo.

f) En una cacerola, mezcle el azúcar, la maicena y la sal. Incorpora poco a poco los huevos, el jugo de limón y la ralladura de limón.

g) Cocine la mezcla a fuego medio-bajo, revolviendo constantemente hasta que espese, aproximadamente de 5 a 7 minutos.

h) Retire del fuego y agregue la mantequilla en cubos hasta que quede suave.

i) Rellena las tartaletas enfriadas con el relleno de limón.

j) Refrigere durante al menos 1 hora antes de servir. Opcionalmente, espolvoree con azúcar en polvo antes de servir.

k) ¡Disfruta de tus Mini Tartaletas de Limón!

33. Parfaits de tarta de merengue y limón

INGREDIENTES:
- 4 claras de huevo grandes
- 1 taza de azúcar granulada
- 1 cucharadita de maicena
- 1 cucharadita de extracto de vainilla
- 1 ½ tazas de cuajada de limón
- 1 ½ tazas de crema batida
- Ralladura de limón para decorar

INSTRUCCIONES:
a) En un tazón limpio, bata las claras a velocidad alta hasta que se formen picos suaves.
b) Agrega poco a poco el azúcar sin dejar de batir hasta que se formen picos rígidos y brillantes.
c) Incorpora suavemente la maicena y el extracto de vainilla.
d) Vierta la mezcla de merengue en una manga pastelera provista de punta de estrella.
e) En vasos o tazones para servir, coloque capas de cuajada de limón, crema batida y merengue.
f) Repite las capas hasta llenar los vasos, terminando con una capa de merengue encima.
g) Opcional: Utilice un soplete de cocina para dorar ligeramente el merengue.
h) Adorne con ralladura de limón.
i) Sirva inmediatamente o refrigere hasta que esté listo para servir.
j) ¡Disfruta de tus parfaits de tarta de merengue de limón!

34. Flan de Limón y Lavanda

INGREDIENTES:
- 1 taza de azúcar
- 1 $\frac{1}{2}$ tazas de crema espesa
- $\frac{1}{2}$ taza de leche entera
- 6 huevos grandes
- $\frac{1}{4}$ cucharadita de sal
- $\frac{1}{4}$ de taza de jugo de limón fresco
- 1 cucharada de ralladura de limón
- 2 cucharaditas de flores secas de lavanda
- Crema batida y flores de lavanda adicionales para servir

INSTRUCCIONES:
a) Precalienta el horno a 325°F.

b) En una cacerola mediana, calienta el azúcar a fuego medio, revolviendo constantemente hasta que se derrita y se dore.

c) Vierta el azúcar derretida en un molde para flan de 9 pulgadas, girando para cubrir el fondo y los lados del molde.

d) En una cacerola pequeña, caliente la crema espesa, la leche entera, el jugo de limón, la ralladura de limón y las flores de lavanda a fuego medio, revolviendo constantemente hasta que hierva a fuego lento.

e) En un recipiente aparte, mezcle los huevos y la sal.

f) Vierta lentamente la mezcla de crema caliente en la mezcla de huevo, batiendo constantemente.

g) Colar la mezcla por un colador de malla fina y verter en el molde para flan.

h) Coloque el molde en una fuente para hornear grande y llénela con suficiente agua caliente para llegar hasta la mitad de los lados del molde.

i) Hornee durante 50-60 minutos o hasta que el flan esté cuajado y se mueva ligeramente al agitarlo.

j) Retirar del horno y dejar enfriar a temperatura ambiente antes de refrigerar durante al menos 2 horas o toda la noche.

k) Para servir, pase un cuchillo por los bordes del molde e inviértalo en una fuente para servir. Sirva con crema batida y una pizca de flores de lavanda.

35. Zabaglione de limón

INGREDIENTES:
- 2 huevos grandes
- 6 yemas de huevo grandes
- 1 taza de azúcar
- 1 cucharada de ralladura de limón
- ¼ de taza de jugo de limón fresco
- ½ taza de Madeira dulce, jerez crema o oporto rubí

INSTRUCCIONES:
a) En la parte superior de un baño maría, combine los huevos enteros, las yemas y el azúcar. Batir la mezcla hasta que quede ligera y espesa.

b) Agregue la ralladura de limón, el jugo de limón fresco y su elección de Madeira dulce, jerez crema o oporto rubí a la mezcla de huevo.

c) Coloque el baño maría sobre el agua hirviendo, asegurándose de que el fondo de la olla con la mezcla de huevo no toque el agua hirviendo.

d) Continúe batiendo y batiendo la mezcla sobre el agua hirviendo hasta que triplique su volumen y esté caliente al tacto. Esto debería tomar unos minutos.

e) Una vez que el zabaglione se haya espesado y aumentado de volumen, retirarlo del fuego.

f) Divida el zabaglione de limón en vasos de pie alto.

g) Sirva inmediatamente para disfrutar del delicioso sabor a limón.

36. Pastel al revés de limón Meyer

INGREDIENTES:

- ¼ de taza (57 gramos) de mantequilla sin sal
- ¾ de taza (165 gramos) de azúcar moreno claro envasada
- 3 limones Meyer, cortados en rodajas de ¼ de pulgada de grosor
- 1 ½ tazas (195 gramos) de harina para todo uso
- 1 ½ cucharaditas de polvo para hornear
- ¼ de cucharadita de bicarbonato de sodio
- ½ cucharadita de sal kosher
- ¼ cucharadita de nuez moscada fresca molida
- ½ cucharadita de jengibre molido
- ¼ cucharadita de cardamomo molido
- 1 taza (200 gramos) de azúcar granulada
- 2 cucharaditas de ralladura de limón
- ½ taza (114 gramos) de mantequilla sin sal, temperatura ambiente
- 2 cucharaditas de extracto de vainilla
- 2 huevos grandes, temperatura ambiente
- ¾ taza de suero de leche

INSTRUCCIONES:

a) Precalienta el horno a 350 grados Fahrenheit (175 grados Celsius). Coloque el molde para pastel redondo de 9 pulgadas en el horno con ¼ de taza de mantequilla cortada en trozos. Derrita la mantequilla en la sartén hasta que se derrita. Cepille la mantequilla derretida por los lados del molde con una brocha de repostería. Espolvorea el azúcar moreno claro de manera uniforme sobre la mantequilla derretida.

b) Coloque las rodajas de limón Meyer encima del azúcar moreno, superponiéndolas según sea necesario.

c) En un tazón mediano, mezcle la harina para todo uso, el polvo para hornear, el bicarbonato de sodio, la sal kosher, la nuez moscada recién molida, el jengibre molido y el cardamomo molido hasta que estén bien combinados.

d) En el bol de una batidora de pie, coloque el azúcar granulada. Agrega la ralladura de limón encima del azúcar y frota la ralladura en el azúcar con los dedos. Agrega la mantequilla sin sal a temperatura ambiente y el extracto de vainilla al azúcar. Batir la mezcla a velocidad media hasta que esté suave y esponjosa, aproximadamente de 3 a 4 minutos.

e) Agrega los huevos uno a la vez, batiendo bien después de cada adición.

f) Agrega la mitad de la mezcla de harina a la mezcla de mantequilla y azúcar. Mezcle a velocidad baja hasta que esté bien combinado. Es posible que quede un poco de harina en los lados del tazón, lo cual está bien.

g) Vierta el suero de leche y mezcle a velocidad media hasta que se combinen.

h) Agregue la mezcla de harina restante y mezcle a velocidad baja hasta que esté combinado. Raspe los lados y el fondo del tazón con una espátula y mezcle durante otros 10 segundos para asegurarse de que todos los ingredientes estén bien combinados.

i) Vierta suavemente la masa sobre los limones en rodajas en el molde para pasteles y alise la parte superior con una espátula acodada.

j) Hornea el pastel en el horno precalentado durante aproximadamente 45 minutos o hasta que un probador de pasteles salga limpio al insertarlo en el centro del pastel.

k) Deja enfriar el bizcocho en el molde durante 10 minutos. Pasa un cuchillo por los bordes para soltar el pastel y luego inviértelo en un plato. Las rodajas de limón Meyer bellamente caramelizadas estarán encima del pastel.

l) ¡Disfruta de este delicioso pastel invertido de limón Meyer con sus relucientes joyas cítricas encima!

37. Potes de crema de limón

INGREDIENTES:
- 2 limones medianos
- ⅔ taza de azúcar granulada
- 1 huevo
- 4 yemas de huevo
- 1 ¼ tazas de crema espesa
- 5 cucharaditas de azúcar glass
- 6 violetas confitadas (opcional)

INSTRUCCIONES:
a) Precalienta el horno a 325°F (165°C).
b) Ralla la ralladura de los limones para obtener aproximadamente 1 cucharadita de ralladura de limón. Exprime los limones para extraer ½ taza de jugo de limón.
c) En un tazón, mezcle el azúcar granulada, el huevo y las yemas hasta que estén bien combinados.
d) Incorpora poco a poco la nata espesa hasta que el azúcar se haya disuelto por completo.
e) Pasar la mezcla por un colador para asegurar una natilla suave y sin grumos. Agregue la ralladura de limón para infundir a la mezcla sabor a limón.
f) Coloque seis ollas de crema o soufflé de ½ taza en una fuente para hornear honda.
g) Divida uniformemente la mezcla de limón entre los seis platos de crema.
h) Vierta con cuidado agua caliente del grifo en la fuente para hornear hasta que llegue a ½ pulgada de la parte superior de las ollas. Este baño de agua ayudará a que las natillas se cocinen de manera uniforme.
i) Hornea las natillas, sin tapar, en el horno precalentado durante aproximadamente 35 a 40 minutos, o hasta que

estén cuajadas en el centro. Las natillas deben tener una ligera sacudida en el centro cuando se agitan suavemente.

j) Una vez hecho esto, retira con cuidado los potes de crema del baño María y déjalos a un lado para que se enfríen por completo.

SERVICIO:

k) Antes de servir, espolvorea la superficie de cada natilla con azúcar glass para darle un toque dulce y realzar la presentación.

l) Opcionalmente, decora cada pot de creme con una violeta confitada para darle un toque final elegante y colorido.

m) Sirva los Lemon Pots de Creme fríos y disfrute de sus deliciosos sabores cítricos y cremosos.

38. Macarrones franceses con limón

INGREDIENTES:
PARA LAS CONCHAS DE MACARON:
- 100 g de harina de almendras súper fina
- 75 g de azúcar glass
- 70 g (1/3 taza) de claras de huevo, a temperatura ambiente
- 1/4 cucharadita de cremor tártaro, opcional
- 1/4 cucharadita de sal kosher gruesa
- 75 g de azúcar granulada súper fina
- 1/2 cucharadita de jugo de limón fresco
- Colorante alimentario en gel amarillo
- 1 cucharadita de ralladura de limón

PARA CREMA DE MANTEQUILLA DE LIMÓN:
- 80 g de mantequilla sin sal, a temperatura ambiente
- 130 g de azúcar glass, tamizada
- 1 cucharada de jugo de limón fresco
- 1 cucharadita de ralladura de limón
- 1/8 cucharadita de sal kosher gruesa

INSTRUCCIONES:
PARA HACER CONCHAS DE MACARON:
a) Forre 2 bandejas para hornear con papel pergamino o tapetes de silicona. (Para que el aire circule uniformemente, voltee las bandejas para hornear boca abajo).

b) Tamizar juntos la harina de almendras y el azúcar glass dos veces. Si quedan hasta 2 cucharadas de ingredientes secos con trozos en el colador, no es necesario que lo reemplace; simplemente descarte esos bits.

c) En un tazón limpio con un accesorio para batir, bata las claras a velocidad media-baja hasta que estén espumosas.

d) Agrega el crémor tártaro y la sal a las claras y continúa batiendo.

e) Agregue lentamente el azúcar granulada, una cucharada a la vez, mientras la batidora está funcionando. Deje que el azúcar se disuelva después de cada adición.

f) Una vez que el merengue alcance picos suaves, agrega jugo de limón y unas gotas de colorante alimentario en gel amarillo.

g) Continúe batiendo las claras a velocidad media-baja hasta que se formen picos duros. El merengue debe formar una bola dentro del batidor y, cuando lo levantes, debe tener un extremo puntiagudo y tener nervaduras afiladas.

h) Agrega ralladura de limón al merengue y bate durante otros 30 segundos aproximadamente.

i) Tamiza la mezcla de harina de almendras en el merengue. Incorpora los ingredientes secos al merengue con una espátula de silicona hasta que estén completamente incorporados. Luego continúa doblando la masa hasta que esté lo suficientemente líquida como para dibujar una figura de ocho. Pruebe la masa dejando caer una pequeña cantidad en el tazón; Si los picos se disuelven solos en la masa en unos 10 segundos, está listo. Tenga cuidado de no doblar demasiado la masa.

j) Transfiera la masa a una manga pastelera con punta redonda.

k) Sostenga la manga pastelera en un ángulo de 90° y coloque rondas de aproximadamente 1,5 pulgadas con una separación de aproximadamente una pulgada en las bandejas para hornear preparadas. Golpee firmemente las bandejas para hornear sobre la encimera para eliminar las burbujas de aire.

l) Deje que los macarons reposen en la encimera durante al menos 15 a 30 minutos, hasta que la masa no se pegue al dedo al tocarla ligeramente.

m) Precalienta el horno a 300°F (150°C).

n) Hornee una bandeja de macarons a la vez en la rejilla del medio durante unos 15 a 18 minutos. Los macarons cocidos deben estar firmes al tacto y la base no debe moverse.

o) Enfríe los macarons por completo y luego retírelos del papel pergamino.

PARA HACER CREMA DE MANTEQUILLA DE LIMÓN:

p) En un tazón con un batidor, bata la mantequilla hasta que quede esponjosa.

q) Agregue el azúcar en polvo, el jugo de limón, la ralladura de limón y la sal y bata hasta que estén bien combinados.

r) Transfiera la crema de mantequilla a una manga pastelera equipada con una punta redonda o una punta de estrella.

PARA ARMAR MACARONS:

s) Empareje las cáscaras de macaron enfriadas por tamaño y colóquelas sobre una rejilla, con las cáscaras inferiores boca abajo.

t) Coloque una cucharada de crema de mantequilla de limón en las cáscaras inferiores y coloque la cáscara superior sobre el relleno, presionando ligeramente para extender el relleno hasta los bordes.

u) Guarde los macarons rellenos en un recipiente hermético en el refrigerador durante al menos 24 horas para que maduren, permitiendo que el relleno ablande y dé sabor a las cáscaras.

v) Para servir, saque los macarons unos 30 minutos antes de servir.

w) Guarde los macarons en el refrigerador en un recipiente hermético por hasta 5 días o congélelos por hasta 6 meses.

39. Tarta Brulée De Limón

INGREDIENTES:

PARA LA CORTEZA:
- 1 ½ tazas de migas de galleta Graham
- 6 cucharadas de mantequilla sin sal, derretida
- ¼ taza de azúcar granulada

PARA EL LLENADO:
- 4 yemas de huevo
- 1 lata (14 onzas) de leche condensada azucarada
- ½ taza de jugo de limón fresco
- 1 cucharada de ralladura de limón

PARA LA ADORNO:
- Azúcar granulada, para caramelizar

INSTRUCCIONES:

a) Precalienta tu horno a 350°F (175°C).

b) En un tazón, combine las migas de galletas Graham, la mantequilla derretida y el azúcar. Presione la mezcla en el fondo y los lados de un molde para tarta.

c) En un recipiente aparte, mezcle las yemas de huevo, la leche condensada, el jugo de limón y la ralladura de limón hasta que estén bien combinados.

d) Vierta el relleno de limón en la base preparada.

e) Hornee durante unos 15-20 minutos o hasta que el relleno esté listo.

f) Retirar del horno y dejar enfriar a temperatura ambiente. Luego refrigere por al menos 2 horas o hasta que esté frío.

g) Justo antes de servir, espolvorea una fina capa de azúcar granulada encima de la tarta. Usa un soplete de cocina para caramelizar el azúcar hasta que se forme una corteza crujiente.

h) Deje que el azúcar se endurezca durante unos minutos, luego córtelo y sirva.

40. Ice Brûlée de limón con caramelo

INGREDIENTES:
- 1 taza de crema espesa
- 1 taza de leche entera
- 4 yemas de huevo
- $\frac{1}{2}$ taza de azúcar granulada
- 1 cucharada de ralladura de limón
- $\frac{1}{4}$ taza de jugo de limón
- $\frac{1}{2}$ taza de trocitos de caramelo
- Azúcar granulada, para caramelizar
- Frambuesas, para servir

INSTRUCCIONES:

a) En una cacerola, calienta la crema espesa, la leche entera y la ralladura de limón a fuego medio hasta que comience a hervir a fuego lento. Alejar del calor.

b) En un recipiente aparte, mezcle las yemas de huevo, el azúcar y el jugo de limón hasta que estén bien combinados.

c) Vierta lentamente la mezcla de crema caliente en la mezcla de yemas de huevo, batiendo continuamente.

d) Regrese la mezcla a la cacerola y cocine a fuego lento, revolviendo constantemente, hasta que espese y cubra el dorso de una cuchara. No dejes que hierva.

e) Retirar del fuego y dejar enfriar la mezcla a temperatura ambiente. Luego refrigere por al menos 4 horas o toda la noche.

f) Vierta la mezcla fría en una máquina para hacer helados y bata según las instrucciones del fabricante.

g) Durante los últimos minutos de batido, agrega los trocitos de caramelo y continúa batiendo hasta que estén distribuidos uniformemente.

h) Transfiera el helado batido a un recipiente y congélelo durante al menos 2 horas para que se endurezca.

i) Justo antes de servir, espolvorea una fina capa de azúcar granulada encima de cada porción. Usa un soplete de cocina para caramelizar el azúcar hasta que se forme una corteza crujiente.

j) Deje que el azúcar se endurezca durante unos minutos, luego sirva y disfrute.

41. Helado de cuajada de limón

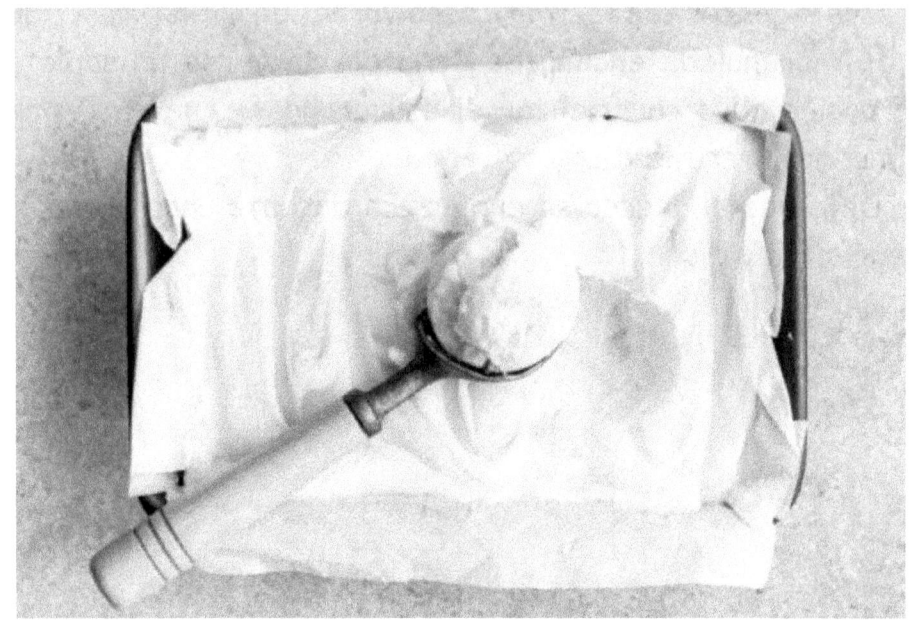

INGREDIENTES:

- 500 ml Nata Doble
- Lata de 395 ml de Leche Condensada
- 2 cucharaditas de extracto de vainilla
- 2 cucharadas de limoncello (opcional)
- 320 gramos de cuajada de limón

INSTRUCCIONES:

a) Vierta la crema, la leche y la vainilla en un bol y bata hasta que se formen picos suaves.

b) Vierta la mezcla en un recipiente congelable y luego póngalo en el congelador durante una hora.

c) Después de una hora, sácalo del congelador y agrega la cuajada de limón y el limoncello. Mezclar bien y volver a meter en el congelador durante 4 horas más.

d) Retirar del congelador y servir.

42. Pastel De Limón En Forma De Panal

INGREDIENTES:
PARA EL PASTEL:
- 2 tazas de harina para todo uso
- 2 cucharaditas de polvo de hornear
- $\frac{1}{2}$ cucharadita de bicarbonato de sodio
- $\frac{1}{4}$ cucharadita de sal
- $\frac{1}{2}$ taza de mantequilla sin sal, ablandada
- 1 taza de azúcar granulada
- 3 huevos grandes
- Ralladura de 2 limones
- $\frac{1}{4}$ de taza de jugo de limón fresco
- $\frac{1}{2}$ taza de suero de leche
- $\frac{1}{4}$ taza de miel
- 1 cucharadita de extracto de vainilla

PARA EL RELLENO DE PANAL:
- 1 taza de caramelo de panal, triturado en trozos pequeños

PARA EL GLASEADO DE LIMÓN:
- 1 taza de azúcar en polvo
- 2 cucharadas de jugo de limón fresco

INSTRUCCIONES:
a) Precalienta tu horno a 350°F (175°C). Engrase y enharine un molde para pastel redondo de 9 pulgadas.
b) En un tazón mediano, mezcle la harina, el polvo para hornear, el bicarbonato de sodio y la sal. Dejar de lado.
c) En un tazón grande, mezcle la mantequilla ablandada y el azúcar granulada hasta que esté suave y esponjosa.
d) Batir los huevos uno a la vez, seguidos de la ralladura de limón y el jugo de limón.

e) Agregue el suero de leche, la miel y el extracto de vainilla a la mezcla de mantequilla y mezcle hasta que estén bien combinados.

f) Agregue gradualmente los ingredientes secos a los ingredientes húmedos, mezclando hasta que se incorporen. Tenga cuidado de no mezclar demasiado.

g) Vierta la mitad de la masa para pastel en el molde para pastel preparado, distribuyéndola uniformemente.

h) Espolvoree el caramelo de panal triturado sobre la masa, asegurando una distribución uniforme.

i) Vierta el resto de la masa del pastel sobre la capa de caramelo en forma de panal, extendiéndola para cubrir el relleno.

j) Hornee en el horno precalentado durante 30-35 minutos, o hasta que al insertar un palillo en el centro, éste salga limpio.

k) Retire el pastel del horno y déjelo enfriar en el molde durante 10 minutos, luego transfiéralo a una rejilla para que se enfríe por completo.

l) Mientras el pastel se enfría, prepare el glaseado de limón batiendo el azúcar en polvo y el jugo de limón fresco hasta que quede suave.

m) Una vez que el pastel se haya enfriado, rocíe el glaseado de limón sobre la parte superior del pastel.

n) Corta y sirve el delicioso pastel de limón en forma de panal.

43. Mousse de cuajada de limón

INGREDIENTES:
- $\frac{1}{2}$ taza de crema espesa
- $\frac{1}{2}$ taza de cuajada de limón, preparada
- Arándanos frescos, enjuagados y secos.
- Ramitas de menta fresca, para decorar

INSTRUCCIONES:
a) Con los batidores fríos, bata la crema espesa hasta que espese. Incorpora la crema batida a la cuajada de limón.
b) Mezcle la mousse de limón con los arándanos.
c) O bien, coloque capas de mousse, arándanos frescos y mousse en una copa de vino; decora con menta fresca.

44. Semifreddo De Limón

INGREDIENTES:
- 4 yemas de huevo
- ½ taza de azúcar granulada
- 1 taza de crema espesa
- Ralladura de 2 limones
- 1 cucharada de hojas de romero frescas, finamente picadas

INSTRUCCIONES:
a) En un tazón grande, mezcle las yemas de huevo y el azúcar hasta que estén pálidos y cremosos.
b) En un recipiente aparte, bata la crema espesa hasta que se formen picos suaves.
c) Incorpora suavemente la ralladura de limón y el romero picado a la crema batida.
d) Agregue gradualmente la mezcla de crema batida a la mezcla de yemas de huevo, mezclando suavemente hasta que esté bien combinada.
e) Vierta la mezcla en un molde para pan o en moldes individuales.
f) Congele durante al menos 6 horas o toda la noche.
g) Para servir, sácalo del congelador y déjalo reposar a temperatura ambiente durante unos minutos antes de cortarlo.

45. Sándwiches de helado de limón

INGREDIENTES:
- 1 ½ tazas de harina para todo uso
- ½ cucharadita de bicarbonato de sodio
- ¼ cucharadita de sal
- ½ taza de mantequilla sin sal, ablandada
- ½ taza de azúcar granulada
- ½ taza de azúcar moreno envasada
- 1 huevo grande
- 1 cucharadita de extracto de vainilla
- Ralladura de 1 limón
- 1 litro de helado de limón

INSTRUCCIONES:
a) Precalienta el horno a 375 °F (190 °C) y cubre una bandeja para hornear con papel pergamino.
b) En un bol, mezcle la harina, el bicarbonato de sodio y la sal.
c) En un tazón aparte, mezcle la mantequilla ablandada, el azúcar granulada y el azúcar moreno hasta que esté suave y esponjoso. Agrega el huevo, el extracto de vainilla y la ralladura de limón y mezcla hasta que estén bien combinados.
d) Agregue gradualmente los ingredientes secos a la mezcla de mantequilla y mezcle hasta que estén combinados. Incorpora suavemente los arándanos frescos.
e) Deje caer cucharadas redondeadas de masa en la bandeja para hornear preparada, espaciándolas aproximadamente a 2 pulgadas de distancia. Aplana ligeramente cada bola de masa con la palma de tu mano.

f) Hornee durante 10-12 minutos o hasta que los bordes estén dorados. Deja que las galletas se enfríen por completo.

g) Toma una bola de helado de limón y colócala entre dos galletas.

h) Coloque los sándwiches de helado en el congelador durante al menos 1 hora para que se endurezcan antes de servir.

ESMALTES Y HELADOS

46. Glaseado De Limón

INGREDIENTES:
- 1 taza de azúcar en polvo
- 2 cucharadas de jugo de limón recién exprimido
- 1 cucharadita de ralladura de limón

INSTRUCCIONES:

a) En un tazón pequeño, mezcle el azúcar en polvo, el jugo de limón y la ralladura de limón hasta que quede suave.

b) Ajuste la consistencia agregando más azúcar en polvo o jugo de limón según sea necesario.

c) Rocíe el glaseado de limón sobre el postre y déjelo reposar antes de servir.

47. Glaseado de limonada de frambuesa

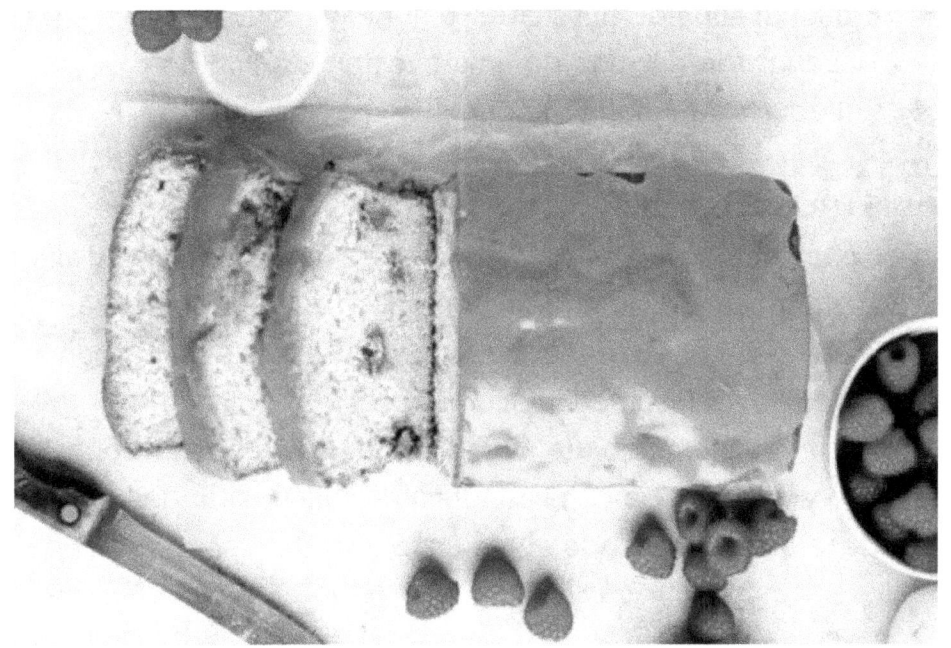

INGREDIENTES:

- 1 taza de azúcar en polvo
- 2 cucharadas de puré de frambuesa (colado)
- 1 cucharada de jugo de limón recién exprimido
- Ralladura de limón (opcional, para decorar)

INSTRUCCIONES:

a) En un tazón pequeño, mezcle el azúcar en polvo, el puré de frambuesa y el jugo de limón hasta que quede suave.

b) Ajuste la consistencia agregando más azúcar en polvo o puré de frambuesa según sea necesario.

c) Rocíe el glaseado de limonada de frambuesa sobre el postre y espolvoree con ralladura de limón, si lo desea.

d) Deje que el glaseado se asiente antes de servir.

48. Glaseado de mantequilla de limón

INGREDIENTES:
- 1 taza de mantequilla sin sal, ablandada
- 4 tazas de azúcar en polvo
- 2 cucharadas de jugo de limón recién exprimido
- 1 cucharada de ralladura de limón
- 1 cucharadita de extracto de vainilla

INSTRUCCIONES:

a) En un tazón, bata la mantequilla ablandada hasta que quede suave.

b) Agregue gradualmente el azúcar en polvo, aproximadamente 1 taza a la vez, y mezcle bien después de cada adición.

c) Agregue el jugo de limón, la ralladura de limón y el extracto de vainilla a la mezcla de mantequilla. Mezcle hasta que quede suave y cremoso.

d) Ajuste la consistencia agregando más azúcar en polvo para obtener un glaseado más firme o más jugo de limón para obtener un glaseado más fino.

e) Unte o coloque el glaseado de mantequilla de limón sobre pasteles o cupcakes enfriados.

49. Glaseado de semillas de amapola y limón

INGREDIENTES:
- 1 taza de mantequilla sin sal, ablandada
- 4 tazas de azúcar en polvo
- 2 cucharadas de jugo de limón recién exprimido
- 2 cucharaditas de ralladura de limón
- 1 cucharada de semillas de amapola

INSTRUCCIONES:

a) En un tazón, bata la mantequilla ablandada hasta que quede suave.

b) Agrega poco a poco el azúcar glass, una taza a la vez, y continúa batiendo hasta que esté bien mezclado.

c) Agregue el jugo de limón, la ralladura de limón y las semillas de amapola. Mezcle hasta que esté completamente incorporado.

d) Extienda o coloque el glaseado de semillas de amapola y limón sobre pasteles o cupcakes enfriados.

LIMONADAS

50. clásica recién exprimida

INGREDIENTES:
- Jugo de 8 limones grandes
- 6 tazas de agua
- $1\frac{1}{4}$ tazas de azúcar granulada
- 1 limón, en rodajas

INSTRUCCIONES :

a) En una jarra grande, combine el jugo de limón con el agua y el azúcar.

b) Revuelva hasta que el azúcar se disuelva. Refrigere hasta que esté frío, aproximadamente 1 hora.

c) Vierta la limonada sobre hielo y agregue una rodaja de limón a cada vaso antes de servir.

51. Limonada de pomelo rosado

INGREDIENTES:

- 50 g de sirope de ricino dorado
- ¼ de cucharadita de sal del Himalaya o marina gruesa
- 4 pomelo rosado de Florida, en jugo, con rodajas adicionales para servir
- 2 limones, exprimidos

INSTRUCCIONES:

a) En una cacerola pequeña, combine el almíbar dorado y 100 ml de agua. Lleva la mezcla a fuego lento, revolviendo para disolver el azúcar. Déjalo a un lado para que se enfríe.
b) En una jarra grande, añade 400ml de agua y rellénala con hielo.
c) Vierta el almíbar de azúcar enfriado sobre el hielo y el agua en la jarra.
d) Agregue la sal marina gruesa o del Himalaya, el jugo de pomelo rosado recién exprimido y el jugo de limón a la jarra.
e) Revuelve bien la mezcla para combinar todos los ingredientes.
f) Sirva la limonada de pomelo rosado en vasos, adornada con rodajas de pomelo rosado para obtener una delicia cítrica refrescante y picante. ¡Disfrutar!

52. Mimosas de limonada de frambuesa

INGREDIENTES:

- 3 onzas de champán
- 3 onzas de limonada de frambuesa
- Granos de azúcar rosa o rojo
- 2-3 frambuesas frescas

INSTRUCCIONES:

a) Para bordear los vasos: vierta una pequeña cantidad de limonada de frambuesa en un plato o tazón poco profundo. Haz lo mismo con las chispas de azúcar rosa o roja en un plato aparte.

b) Sumerge el borde de una copa de champán en la limonada de frambuesa, asegurándote de cubrir todo el borde.

c) Luego, sumerja el borde recubierto del vaso en el azúcar de color para crear un borde de azúcar decorativo.

d) Vierta la limonada de frambuesa y el champán en el vaso preparado y revuelva suavemente para mezclar los sabores.

e) Coloque 2 o 3 frambuesas frescas en el cóctel para obtener una explosión extra de bondad frutal.

f) Sirve tus Mimosas de Limonada de Frambuesa y disfruta de este delicioso y refrescante cóctel durante tu brunch con las chicas.

53. Spritzer de limonada de fresa

INGREDIENTES:

- 1 taza de fresas frescas, peladas y cortadas en rodajas
- $\frac{1}{2}$ taza de jugo de limón fresco
- $\frac{1}{4}$ taza de azúcar granulada
- 2 tazas de agua con gas
- Cubos de hielo
- Hojas de menta fresca para decorar.

INSTRUCCIONES:

a) En una licuadora, combine las fresas, el jugo de limón y el azúcar. Mezclar hasta que esté suave.

b) Cuele la mezcla a través de un colador de malla fina para quitar las semillas.

c) Llena vasos con cubitos de hielo y vierte la mezcla de fresa y limón sobre el hielo.

d) Cubra cada vaso con agua con gas y revuelva suavemente.

e) Adorne con hojas de menta fresca y sirva.

54. Limonada de fruta del dragón

INGREDIENTES:

- 1 fruta del dragón grande, de pulpa rosada o blanca, sin piel
- 5 tazas de agua
- $\frac{1}{2}$ taza de néctar de agave o jarabe de arce
- 1 taza de jugo de limón recién exprimido

INSTRUCCIONES:

a) Licúa la pitahaya con 1 taza de agua hasta obtener la textura deseada.

b) Transfiera la mezcla de pitahaya a una jarra de limonada y agregue las 4 tazas restantes de agua, jugo de limón y edulcorante. Revuelve, prueba y ajusta el edulcorante y/o agua, si es necesario.

c) Se puede servir inmediatamente sobre un vaso lleno de cubitos de hielo.

d) Guárdelo en el refrigerador para que se enfríe y revuelva bien antes de servir. ¡Disfrutar!

55. Limonada de kiwi

INGREDIENTES:

- 4 kiwis, pelados
- Lata de 12 onzas de concentrado de limonada congelada, descongelada
- 3 tazas de bebida carbonatada de lima-limón, fría

INSTRUCCIONES:

a) Corta el kiwi en trozos.

b) Procese los trozos de fruta y el concentrado de limonada en un procesador de alimentos hasta que quede suave.

c) Vierta la mezcla a través de un colador de malla de alambre en una jarra desechando los sólidos.

d) Agregue la bebida de lima-limón justo antes de servir.

56. Limonada de kéfir de frambuesa

INGREDIENTES:

- ½ taza de frambuesas congeladas frescas o descongeladas
- ⅔ taza de jugo de limón recién exprimido
- ½ taza de sirope de agave
- 3 tazas de kéfir

INSTRUCCIONES:

a) Coloque todos los ingredientes en una licuadora de alta velocidad y mezcle hasta que quede suave.

b) Colar a través de un colador de plástico en una jarra. Servir sobre hielo.

c) Se conservará durante 2 días en el frigorífico.

57. Limonada de frambuesa e hinojo

INGREDIENTES:

- 8 onzas de agua
- 8 onzas de frambuesas + extra para decorar
- 4 cucharadas de azúcar
- 1 cucharadita de semillas de hinojo
- jugo de 2 limones
- agua helada

INSTRUCCIONES:

a) En una olla o cacerola, combine las frambuesas con el azúcar, las semillas de hinojo y el agua y hierva a fuego moderado.
b) Cocine hasta que las frambuesas estén pulposas.
c) Déjelo enfriar a temperatura ambiente.
d) Licue la mezcla de frambuesa hasta obtener un puré suave. Colar y mezclar con el jugo de limón.
e) Sirva, cubierto con agua fría.
f) Adorne con las frambuesas reservadas.

58. Limonada de ciruela

INGREDIENTES:
- 32 onzas de agua, divididas
- 2-3 anís estrellado entero
- 10 onzas de azúcar
- 3 ciruelas rojas frescas, sin hueso
- 2 limones, bien lavados y partidos por la mitad
- Cubitos de hielo, para servir

INSTRUCCIONES:

a) En una cacerola, combine 16 onzas (2 tazas) de agua y el anís estrellado.

b) Llévalo a ebullición y déjalo hervir a fuego lento durante unos minutos para infundir el agua con el sabor a anís estrellado. Retíralo del fuego y déjalo enfriar.

c) En una cacerola aparte, haga un almíbar simple combinando el azúcar con las 16 onzas (2 tazas) restantes de agua.

d) Caliéntalo a fuego medio, revolviendo hasta que el edulcorante se disuelva por completo. Retíralo del fuego y déjalo enfriar.

e) Una vez que tanto el agua con infusión de anís estrellado como el almíbar simple se hayan enfriado, combínalos en una jarra.

f) En una licuadora, haga puré las ciruelas rojas sin hueso hasta que quede suave.

g) Exprime el jugo de los limones partidos por la mitad en la licuadora junto con el puré de ciruelas.

h) Agregue la mezcla de ciruela y limón a la jarra con el agua con infusión de anís estrellado y el almíbar. Revuelve todo bien.

i) Refrigere la limonada de ciruela hasta que esté completamente fría.

j) Para servir, llena los vasos con cubitos de hielo y vierte la limonada de ciruela sobre el hielo. Adorne con rodajas de ciruela adicionales, rodajas de limón o anís estrellado si lo desea.

k) ¡Disfruta de tu limonada de ciruela casera, una bebida deliciosa y refrescante con un toque único!

59. Limonada de granada

INGREDIENTES:
- ½ taza de almíbar simple o edulcorante de agave
- ½ taza de jugo de limón
- 1 taza de jugo de granada
- 1 taza de agua fría
- 1 taza de hielo picado
- Pizca de sal

PARA EL LLANTA:
- 1 rodajita de limón
- ¼ cucharadita de comino tostado
- 1 cucharadita de azúcar
- ⅛ cucharadita de sal

INSTRUCCIONES:

a) En un tazón, mezcle el almíbar simple (o edulcorante de agave), el jugo de limón, el jugo de granada, una pizca de sal y el agua fría hasta que estén bien combinados.

b) Vierta la mezcla en una jarra llena de hielo picado.

c) Para bordear el vaso, toma la rodaja de limón y frótala alrededor del borde del vaso para cubrirlo con una fina capa de jugo de limón.

d) En un plato mezcla el comino tostado, el azúcar y la sal.

e) Sumerge el borde del vaso en la mezcla de comino, azúcar y sal y gíralo para cubrir el borde.

f) Vierta la limonada de granada recién hecha en el vaso con borde.

g) ¡Sirve inmediatamente tu vibrante y agridulce limonada de granada y disfruta de esta versión refrescante de la limonada clásica con la deliciosa adición de granada!

60. Limonada De Cereza

INGREDIENTES:
- 1 libra de guindas frescas (reserva algunas para decorar)
- 2 tazas de azúcar
- 8 tazas de agua
- 6 a 8 limones, más extra para decorar

INSTRUCCIONES:

a) En una cacerola mediana, combine las guindas, el azúcar y 3 tazas de agua.

b) Cocine a fuego lento durante 15 minutos, luego déjelo enfriar a temperatura ambiente.

c) Cuele la mezcla a través de un colador de malla fina.

d) Exprima suficientes limones para producir 1 ½ tazas de jugo de limón.

e) Combine el jugo de cereza, el jugo de limón y aproximadamente 5 a 6 tazas de agua fría (ajuste a su gusto).

f) Revuelva bien y, si lo desea, agregue rodajas finas de limón y cerezas frescas para darle más estilo.

61. Limonada de arándanos

INGREDIENTES:
- 2 tazas de arándanos frescos, más extra para decorar
- 1 taza de jugo de limón recién exprimido
- $\frac{1}{2}$ taza de azúcar granulada
- $\frac{1}{4}$ cucharadita de sal
- 4 tazas de agua

INSTRUCCIONES:

a) En una licuadora, combine los arándanos frescos, el jugo de limón, el azúcar granulada y la sal.

b) Procese la mezcla hasta que esté bien combinada, lo que debería tomar unos 45 segundos.

c) Vierta la mezcla licuada a través de un colador de malla fina en una jarra grande para eliminar los sólidos; desechar los sólidos.

d) Agregue el agua hasta que esté completamente incorporado.

e) Divida la limonada de arándanos en 8 vasos llenos de hielo y decore con arándanos adicionales si lo desea.

f) ¡Disfruta de tu refrescante limonada casera de arándanos!

62. Limonada Espumosa De Jugo De Higo Chumbo

INGREDIENTES:

- Jugo de 4 limones
- ⅓ taza de almíbar de tuna frío
- 2 tazas de agua fría con gas
- ½ taza de azúcar

INSTRUCCIONES:

a) En un recipiente, combine el jugo de limón recién exprimido frío, el almíbar de tuna frío y el agua fría con gas. Revuelva bien para asegurar una mezcla uniforme.

b) Sirve la limonada espumosa sobre hielo y, si lo deseas, decora cada vaso con una rodaja de limón.

c) Disfrute de su refrescante limonada espumosa con jugo de tuna: ¡una bebida verdaderamente fresca y deliciosa!

63. Limonada de uva negra

INGREDIENTES:
- 4 tazas de uvas negras sin semillas
- 1 ½ tazas de azúcar, divididas
- 7-8 tazas de agua fría, divididas
- Ralladura de 3 limones
- Jugo de 7 limones (aproximadamente 1 taza)

INSTRUCCIONES:
a) En una cacerola grande, combine las uvas negras, 1 taza de agua, 1 taza de azúcar y la ralladura de limón.
b) Cocine a fuego lento esta mezcla a fuego medio mientras machaca las uvas a medida que se ablandan.
c) Una vez que se hayan triturado todas las uvas, deje que la mezcla hierva a fuego lento durante 10 a 15 minutos más para liberar más color de la piel de las uvas.
d) Retira la cacerola del fuego y cuela la mezcla, desechando los sólidos.
e) Agrega la mezcla de uvas a una jarra.
f) Agregue el jugo de limón y el resto del agua fría y el azúcar. Pruebe y ajuste la cantidad de agua y azúcar según sus preferencias.
g) Refrigere la mezcla hasta que esté fría. (Desarrolla un sabor más atrevido al día siguiente).
h) ¡Sirve tu limonada fresca de uva negra sobre hielo y saborea su sabor refrescante!
i) Disfruta de esta deliciosa creación casera.

64. Limonada de lichi

INGREDIENTES:
- 20 lichis
- 1 cucharada de jugo de limón
- 6 hojas de menta
- $\frac{1}{4}$ cucharadita de sal negra
- 4 cubitos de hielo

INSTRUCCIONES:

a) Pela todos los lichis, quítales las semillas y colócalos en una batidora o batidora. Licúalos hasta obtener un jugo espeso.

b) En un vaso machacar unas hojas de menta con el zumo de limón y sal negra.

c) Añade cubitos de hielo al vaso y vierte el jugo de lichi. Revuelva bien antes de servir.

d) Adorna tu limonada de lichi con una rodaja de limón a un lado.

e) ¡Disfruta de tu refrescante limonada de lichi casera, un delicioso cóctel sin alcohol indio!

65. Limonada de manzana y col rizada

INGREDIENTES:
- 1 taza de espinacas
- ½ lima
- 1 limon
- 1 trozo de jengibre (fresco)
- 2 tallos de apio (quitar las hojas)
- 2 manzanas verdes
- 4 hojas de col rizada

INSTRUCCIONES :
a) Lave todas las frutas y verduras y luego use una toalla de papel para secarlas.
b) Pela la lima, el limón, el jengibre y las manzanas.
c) Corta todos los ingredientes en trozos que quepan en el conducto de alimentación de tu exprimidor.
d) Coloca los trozos de frutas y verduras en tu exprimidor. Presione el exprimidor hasta que comience a fluir jugo fresco. Exprimir los ingredientes dependerá del tipo de exprimidor que tengas.

66. limonada de ruibarbo

INGREDIENTES:
- 4 tazas de agua
- ½ taza de jarabe de arce
- 1 libra de ruibarbo (pelado si es necesario, picado)
- 3 tazas de agua caliente
- Cubos de hielo
- Adorne: rodajas de naranja o ramitas de menta

INSTRUCCIONES:
a) Ponga a hervir 4 tazas de agua en una olla; Retirar del fuego, agregar el jarabe de arce y dejar enfriar.

b) En un procesador de alimentos, presione el ruibarbo picado hasta que se convierta en pulpa.

c) En un recipiente mediano, vierte las 3 tazas de agua caliente sobre la pulpa de ruibarbo y tapa.

d) Coloque un colador sobre el agua de jarabe de arce en la olla. Cuela la pulpa de ruibarbo en la mezcla de agua y jarabe de arce usando un colador. Para combinar el líquido de ruibarbo y el agua de jarabe de arce, bátelos. Llena una jarra hasta la mitad con agua.

e) Vierte el cóctel en cuatro vasos altos llenos de cubitos de hielo.

f) Servir con una rodaja de naranja o una ramita de menta como guarnición.

67. Limonada de rábano

INGREDIENTES:
- 1 taza de rábanos, recortados y picados
- 4 tazas de agua
- $\frac{1}{2}$ taza de jugo de limón recién exprimido
- $\frac{1}{4}$ de taza de miel o edulcorante de tu elección
- Cubos de hielo
- Hojas de menta fresca para decorar.

INSTRUCCIONES:

a) En una licuadora, combine los rábanos y el agua. Mezclar hasta que esté suave.

b) Colar la mezcla a través de un colador de malla fina en una jarra.

c) Agregue el jugo de limón y la miel a la jarra y revuelva hasta que estén bien combinados.

d) Sirva sobre cubitos de hielo y decore con hojas de menta fresca.

68. Delicia de limonada y pepino

INGREDIENTES:
- 1 ½ tazas de jugo de limón recién exprimido, con extra para decorar
- 1 taza de pepino pelado y sin semillas, con extra para decorar
- 1 taza de azúcar granulada (o azúcar de coco)
- 6 tazas de agua (divididas)
- Hielo

INSTRUCCIONES:
a) Comience exprimiendo los limones.
b) Pelar el pepino y quitarle las semillas con una cuchara. (Si estás usando un pepino inglés, puedes omitir este paso).
c) Coloca el pepino, el azúcar y 2 tazas de agua tibia en una licuadora. Licúa hasta lograr una consistencia suave. Cuele la mezcla a través de un colador de malla fina en una jarra, usando una espátula para empujar el líquido. Deseche la pulpa; esto puede tardar unos minutos en completarse.
d) A la jarra que contiene la mezcla de pepino, agrega 4 tazas de agua fría y el jugo de limón recién exprimido.
e) Añade unos puñados de hielo y sirve. Si lo desea, decore con rodajas de pepino y rodajas de limón adicionales.
f) ¡Saborea la refrescante bondad de la limonada de pepino!

69. Limonada de col rizada y menta

INGREDIENTES:
- 500 ml o 2 tazas de limonada (o puedes sustituirla por zumo de naranja)
- 1 tallo de col rizada
- Un pequeño puñado de hojas de menta
- 6 cubitos de hielo

INSTRUCCIONES:

a) Retire el tallo de la col rizada y córtela en pedazos. Coloca todos los ingredientes, incluidos los cubitos de hielo, en una licuadora.

b) Licue hasta que la mezcla esté suave y espumosa, y el color sea verde uniforme.

c) Vierta el refrescante brebaje en vasos y, para darle un toque extra, agregue un cubito de hielo y una rodajita de lima.

d) ¡Disfruta de tu revitalizante limonada Minty Kale!

70. Limonada De Remolacha

INGREDIENTES:
- 2 remolachas medianas, cocidas y peladas
- 1 taza de jugo de limón recién exprimido (de aproximadamente 6 a 8 limones)
- ½ taza de azúcar granulada (ajustar al gusto)
- 4 tazas de agua fría
- Cubos de hielo
- Rodajas de limón y hojas de menta para decorar (opcional)

INSTRUCCIONES:
a) Puedes cocinar las remolachas hirviéndolas o asándolas. Para hervir, colóquelos en una olla con agua, déjelos hervir y cocine a fuego lento durante unos 30-40 minutos hasta que estén tiernos.

b) Para asar, envuélvalos en papel de aluminio y áselos en el horno a 400 °F (200 °C) durante unos 45 a 60 minutos hasta que estén tiernos.

c) Deje enfriar las remolachas cocidas, luego pélelas y córtelas en trozos.

d) Coloca las remolachas cocidas y picadas en una licuadora o procesador de alimentos.

e) Licua hasta obtener un puré de remolacha suave. Puede agregar una o dos cucharadas de agua si es necesario para ayudar a mezclar.

f) Exprime suficientes limones para obtener 1 taza de jugo de limón fresco.

g) En una jarra, combine el puré de remolacha, el jugo de limón recién exprimido y el azúcar granulada.

h) Revuelva hasta que el azúcar se disuelva por completo.

i) Agrega 4 tazas de agua fría y mezcla bien. Ajustar el azúcar y el jugo de limón al gusto.

j) Refrigere la limonada de remolacha hasta que esté bien fría.

k) Sirva sobre cubitos de hielo en vasos.

l) Opcionalmente, decora cada vaso con una rodaja de limón y una ramita de menta fresca.

71. Limonada de guisantes mariposa

INGREDIENTES:
- 1½ taza de agua
- 1 taza de azúcar en polvo
- ¼ de taza de flor de guisante seca
- Limonada

INSTRUCCIONES:
a) Hierva el agua y el azúcar en polvo en una cacerola pequeña. Hervir durante 5 minutos.

b) Alejar del calor. Agregue las flores secas de guisantes de mariposa azules y luego colóquelas en el refrigerador para que se enfríen por completo.

c) Agregue hielo en un vaso y vierta almíbar azul hasta llenar hasta la mitad. Vierta limonada hasta llenar el vaso. Servir frío.

72. Limonada de lavanda

INGREDIENTES:

- 2 tazas de agua (para crear un almíbar simple)
- 1 taza de azúcar
- 2 cucharadas de lavanda seca O 6 flores frescas de lavanda
- 1 taza de jugo de limón recién exprimido
- 1 taza de agua fría
- Hielo para servir

INSTRUCCIONES:

a) Comience preparando el almíbar de lavanda. En resumen, combine 2 tazas de agua, azúcar y lavanda en una olla y cocine a fuego lento hasta que se reduzca.

b) En una jarra o divídalo en partes iguales en dos vasos, combine el jugo de limón recién exprimido, el agua fría y el hielo.

c) Agregue el almíbar simple de lavanda. Ajusta el dulzor a tu gusto. Si está demasiado ácido, agregue más almíbar simple; si queda demasiado dulce, incorpora más jugo de limón y agua.

d) Servir inmediatamente. Tenga en cuenta que el hielo se derretirá rápidamente y puede diluir ligeramente el sabor de la limonada de lavanda, ¡así que disfrútelo de inmediato!

73. Limonada de agua de rosas

INGREDIENTES:

- 1 ½ tazas de jugo de limón recién exprimido
- 1 taza de agua de rosas
- 1 taza de azúcar blanca granulada
- 4-6 tazas de agua, ajusta a tu gusto
- Rodajas de limón para decorar
- Pétalos de rosa comestibles de calidad alimentaria para decorar
- Opcional: Hielo a tu preferencia.

INSTRUCCIONES:

a) En una jarra o dispensador de bebidas espacioso, mezcle 1 ½ tazas de jugo de limón recién exprimido, agua de rosas (1 taza de agua de rosas combinada con 1 taza de azúcar blanca granulada) y 4 a 6 tazas de agua.

b) Revuelva bien para combinar. Refrigere hasta que esté listo para servir.

c) Si lo deseas, adorna tu limonada con rodajas de limón y pétalos de rosa adicionales.

d) Sirve tu limonada de agua de rosas con o sin hielo, según tu gusto. ¡Disfrutar!

74. Limonada de lavanda y coco

INGREDIENTES:
LIMONADA
- 1 ½ tazas de jugo de limón recién exprimido
- 1 ¾ tazas de azúcar
- 8 tazas de agua de coco
- 4 tazas de agua

JARABE SIMPLE DE LAVANDA
- 2 tazas de azúcar
- 1 ½ tazas de agua
- 3 cucharadas de lavanda seca
- Unas gotas de colorante alimentario violeta opcional.

INSTRUCCIONES:
JARABE SIMPLE DE LAVANDA
a) En una cacerola mediana de fondo grueso, combine el azúcar, el agua y la lavanda seca.

b) Lleva la mezcla a ebullición a fuego alto y déjala hervir durante 1 minuto.

c) Retire la cacerola del fuego, tápela y deje que la lavanda repose en el almíbar durante 20 minutos.

d) Colar el almíbar a través de un colador de malla fina para quitar la lavanda. Si lo deseas, agrega unas gotas de colorante alimentario violeta para darle a la limonada un tono morado.

e) Deje el jarabe de lavanda a un lado para que se enfríe. Una vez enfriado, transfiéralo a un recipiente hermético y refrigérelo hasta por una semana.

LIMONADA DE COCO Y LAVANDA
f) En una jarra, combine el jugo de limón recién exprimido, el azúcar, el agua de coco y el agua.

g) Agite o revuelva vigorosamente hasta que todo el azúcar se disuelva por completo. Se prefiere agitar ya que ayuda a airear la limonada.

h) Vierta la mitad del almíbar de lavanda en la jarra y revuelva. Ajusta la cantidad de sirope de lavanda a tu gusto, añadiendo más o menos según desees.

i) ¡Disfruta de tu refrescante limonada de coco con infusión de lavanda!

75. Limonada Lila Fresca

INGREDIENTES:
- 7-10 limones, más extra para decorar y rodajas
- 1 ½ tazas de azúcar granulada
- 8 ½ tazas de agua
- Hielo
- 2-3 cabezas de flores frescas de lila

INSTRUCCIONES:
a) Corta los limones por la mitad y exprímelos con un exprimidor de cítricos. Necesitarás obtener 1 ½ tazas de jugo de limón.
b) Retire las semillas y la pulpa del jugo de limón con un colador de malla fina. Refrigera el jugo.
c) Remoja tus ramitas de lilas frescas en agua fría durante un mínimo de 2 horas o toda la noche.
d) Crea tu almíbar agregando 1 taza de agua a 1 ½ tazas de azúcar en una cacerola. Caliéntalo a fuego lento, revolviendo constantemente hasta que el azúcar se disuelva por completo. Retirar del fuego y refrigerar.
e) Corta un limón en medallones y agrégalos a tu jarra.
f) Agrega las flores de lila, el jugo de limón, el almíbar y 7 tazas de agua a la jarra. Revuelve para combinar.

76. Limonada de hibisco

INGREDIENTES:
PARA EL JARABE SIMPLE:
- 1 taza de azúcar granulada
- 2 tazas de agua
- ½ taza de flores secas de hibisco

PARA LA LIMONADA:
- 5 tazas de agua fría
- 2 tazas de jugo de limón
- 1 limón, en rodajas finas
- Cubos de hielo
- Menta fresca para decorar

INSTRUCCIONES:
PREPARAR EL JARABE SIMPLE:
a) En una cacerola pequeña a fuego medio-alto, combine el azúcar, 2 tazas de agua y las flores secas de hibisco.

b) Lleva la mezcla a ebullición, revolviendo hasta que el azúcar se disuelva por completo.

c) Retirar del fuego y dejar enfriar de 10 a 15 minutos.

d) Colar el almíbar a través de un colador de malla fina, presionando las flores con el dorso de una cuchara para extraer su sabor. Deseche las flores de hibisco usadas.

PREPARANDO LA LIMONADA:
e) En una jarra de 2 cuartos, combine el agua fría, el jugo de limón y el jarabe de hibisco enfriado. Revuelva bien para mezclar.

f) Agrega rodajas de limón a la jarra.

g) Coloca varios cubitos de hielo y una rodaja de limón en vasos altos.

h) Llena cada vaso con la mezcla de limonada de hibisco.

i) Cubra cada porción con una ramita de menta fresca y sirva con una pajita.

77. Limonada de albahaca

INGREDIENTES:
- $1\frac{1}{4}$ tazas de jugo de limón recién exprimido, más rodajas de limón para decorar
- $\frac{1}{2}$ taza de miel o sirope de agave
- 1 taza de hojas de albahaca fresca bien apretadas, con más para decorar
- 3 tazas de agua fría
- Cubos de hielo

INSTRUCCIONES:

a) Combine el jugo de limón, la miel (o agave) y la albahaca en una licuadora. Licue hasta que la mezcla esté extremadamente suave.

b) Cuela la mezcla en una jarra o frasco grande para eliminar los sólidos.

c) Agrega agua y refrigera hasta que estés listo para servir.

d) Sirva sobre hielo, adornado con rodajas de limón y hojas de albahaca fresca. ¡Disfrutar!

78. limonada de cilantro

INGREDIENTES:
- 1 ½ tazas de jugo de limón fresco
- 1 litro de agua hirviendo
- ½ taza de cilantro, lavado y picado
- 2 jalapeños, sin semillas y picados
- Miel al gusto

INSTRUCCIONES:

a) Para empezar, vierte agua hirviendo sobre los jalapeños y el cilantro.

b) Deje enfriar durante aproximadamente 4 horas.

c) Agrega jugo de limón y miel al gusto.

79. Limonada con infusión de borraja

INGREDIENTES:

- 1/4 taza de jugo de limón recién exprimido
- 2 cucharadas de azúcar (ajustar al gusto)
- 4 hojas de borraja
- 2 tazas de agua

INSTRUCCIONES:

a) Coloca todos los ingredientes en una licuadora.

b) Licue durante unos 30 segundos hasta que esté bien combinado.

c) Cuela la mezcla sobre una generosa cantidad de hielo en un vaso alto.

d) Adorna tu limonada con flores de borraja para darle un toque extra de sabor y belleza.

80. Limonada de hierbaluisa

INGREDIENTES:

- 2 ½ libras de piña fresca, pelada, sin corazón y picada
- 2 tazas de jugo de limón recién exprimido
- 1 ½ tazas de azúcar granulada
- 40 hojas grandes de hierbaluisa
- 4 tazas de agua

INSTRUCCIONES:

a) En una licuadora grande, combine la piña picada, el jugo de limón, el azúcar y las hojas de hierba luisa.

b) Asegure la tapa y presione la mezcla 10 o 12 veces para comenzar a descomponer los ingredientes. Luego, enciende la licuadora hasta que la mezcla quede suave. Es posible que tengas que trabajar en tandas si tu licuadora no es lo suficientemente grande.

c) Cuela la mezcla a través de un colador de malla fina y viertela en una -jarra de 2 cuartos o más. Utilice el dorso de una cuchara para presionar los sólidos a través del colador. Debes tener al menos 4 tazas de líquido.

d) Vierta el agua y revuelva para combinar.

e) Sirva la limonada de piña, limón y verbena en vasos llenos de cubitos de hielo y decore cada vaso con ramitas de verbena de limón para darle un toque adicional de frescura y sabor. ¡Disfrutar!

81. Limonada De Romero

(1 taza cada uno)

INGREDIENTES:

- 2 tazas de agua
- 2 ramitas de romero fresco
- ½ taza de azúcar
- ½ taza de miel
- 1-¼ tazas de jugo de limón fresco
- 6 tazas de agua fría
- Cubos de hielo
- Rodajas de limón adicionales y ramitas de romero fresco (opcional)

INSTRUCCIONES:

a) En una cacerola pequeña, hierva 2 tazas de agua y luego agregue las ramitas de romero. Reduzca el fuego y cocine a fuego lento, tapado, durante 10 minutos.

b) Retire y deseche las ramitas de romero. Agrega el azúcar y la miel hasta que se disuelvan por completo. Transfiera esta mezcla a una jarra y refrigere por 15 minutos.

c) Agregue el jugo de limón fresco y agregue el agua fría.

d) Sirve la limonada de romero sobre hielo. Si lo desea, decore con rodajas de limón adicionales y ramitas de romero fresco para darle un toque extra de sabor y presentación.

e) ¡Disfruta de tu refrescante limonada de romero, una versión deliciosa de la limonada clásica!

82. Limonada de limoncillo

INGREDIENTES:
- 1½ tazas de azúcar
- 8½ tazas de agua, divididas
- 1 tubo de pasta para mezclar de limoncillo
- 1 taza de jugo de limón fresco
- Cubos de hielo

INSTRUCCIONES:

a) En una cacerola, combine 1½ tazas de azúcar y 1½ tazas de agua. Calienta la mezcla a fuego medio, revolviendo hasta que el azúcar se disuelva por completo. Esto crea un almíbar simple.

b) Agregue la pasta para mezclar de limoncillo Gourmet Garden™ al almíbar simple y mezcle bien para infundir el sabor de limoncillo.

c) En un recipiente aparte, combine el jugo de limón fresco, el almíbar simple con infusión de limoncillo y las 7 tazas de agua restantes. Revuelve bien la mezcla.

d) Enfríe la limonada de limoncillo en el refrigerador para asegurarse de que esté bien fría.

e) Al servir, vierta la limonada de limoncillo sobre cubitos de hielo en vasos.

f) ¡Disfruta de esta única y refrescante limonada de limoncillo con el delicioso sabor de la hierba de limón!

83. Limonada De Hibisco Y Albahaca

INGREDIENTES:
- 2 onzas de vodka
- 1 onza de jugo de limón fresco
- 1 onza de jarabe de hibisco
- 3-4 hojas de albahaca
- Club soda
- Cubos de hielo
- Rodaja de limón deshidratada y hojas de albahaca para decorar

INSTRUCCIONES:
a) En una coctelera, combine el vodka, el jugo de limón fresco, el jarabe de hibisco y las hojas de albahaca.
b) Triture suavemente las hojas de albahaca para liberar sus sabores.
c) Agrega cubitos de hielo a la coctelera y agita vigorosamente hasta que la mezcla esté bien fría.
d) Cuela el cóctel en un vaso Collins lleno de cubitos de hielo.
e) Complete la bebida con agua mineral con gas hasta alcanzar el nivel deseado de efervescencia.
f) Adorne su limonada de hibisco y albahaca con una rodaja de limón deshidratada y algunas hojas de albahaca fresca.
g) ¡Disfruta de este cóctel vibrante y refrescante con la deliciosa combinación de sabores de hibisco, albahaca y limón!

84. Limonada de musgo de mar

INGREDIENTES:
- 5 limones
- 4 cucharadas de gel de musgo de mar
- 3 tazas de agua
- 1 taza de almíbar simple de miel
- 1 taza de agua de musgo de mar

INSTRUCCIONES:
a) hacer gel de musgo marino
b) Mezcla jugo de limón y agua de Sea Moss.
c) Añadir gel de musgo marino
d) Agregue almíbar simple de miel.
e) ¡Mezcla bien y disfruta!

85. Emonada de espirulina L

INGREDIENTES:
- 4 tazas de agua
- 4 limones grandes, exprimidos
- ½ taza de néctar de agave
- 1 cucharadita de E3 Espirulina Azul Viva
- 1 pizca de sal

INSTRUCCIONES:
a) Lava los limones y córtalos por la mitad. Con un exprimidor de cítricos o con las manos, exprime el jugo de limón en un bol, quitando las semillas. Deberías obtener aproximadamente 1 taza de jugo de limón fresco.

b) Batir el néctar de agave con el jugo de limón hasta que estén bien combinados.

c) En una jarra grande, combine el agua, el jugo de agave/limón, la espirulina azul y una pizca de sal. Revuelva hasta que esté bien combinado y el polvo de espirulina se haya disuelto.

d) ¡Refrigera o vierte sobre hielo y disfruta!

86. Limonada con infusión de algas

INGREDIENTES:
- 1 onza de jugo de limón
- 3 chorritos de Umami Bitters
- 0,5 onzas de agua mineral
- 0,5 onzas de vodka
- 1 taza de azúcar
- 1 taza de vinagre
- 1 taza de agua

INSTRUCCIONES:

a) Empiece por hacer el arbusto de algas. En una cacerola, caliente el azúcar, el agua, el vinagre y las algas azucaradas hasta que esté caliente pero no hirviendo. Déjelo reposar durante 10 a 15 minutos. Déjalo enfriar y cuélalo en un vaso.

b) Agregue el arbusto de algas, el amargo umami, el jugo de limón y el agua mineral al vaso.

c) Completa con un chorrito de tu vodka preferido.

d) Agregue hielo, revuelva suavemente y decore con una rodaja de limón.

e) ¡Disfruta de tu refrescante limonada con infusión de algas!

87. Limonada De Clorella

INGREDIENTES:
- ½ cucharadita de Clorela
- Jugo de 1 limón orgánico
- ½ a 1 cucharadita de miel cruda
- Agua de manantial filtrada o agua mineral con gas.
- Cubos de hielo
- Rodajas de limón para decorar
- Opcional: 1 cucharadita de jengibre recién rallado

INSTRUCCIONES:
a) En un vaso, combina la Chlorella, el jugo de limón recién exprimido y la miel cruda usando un batidor o una cuchara hasta lograr una mezcla suave.
b) Añade al vaso cubitos de hielo y rodajas de limón.
c) Llene el vaso con el agua de su elección, ya sea agua de manantial filtrada para un sabor más suave o agua mineral con gas para un poco de efervescencia.
d) Si lo desea, agregue jengibre recién rallado para darle una capa extra de sabor y beneficios para la salud.
e) Revuelva bien para combinar todos los ingredientes.
f) Bebe y disfruta de esta refrescante y ultrahidratante limonada de Chlorella. ¡Es una excelente manera de aumentar tu energía y nutrición mientras te mantienes fresco!

88. Limonada de té verde matcha

INGREDIENTES:

- 2 tazas de agua caliente
- ½ cucharadita de té verde Epic Matcha en polvo
- 1 taza de azúcar de caña pura
- ½ taza de jugo de limón recién exprimido
- 1 ½ cuartos de agua fría

INSTRUCCIONES:

a) En una jarra grande, agrega el té verde Matcha en polvo y el azúcar al agua caliente hasta que ambos se disuelvan por completo.

b) Una vez disueltos el Matcha y el azúcar, agrega el jugo de limón (o lima) recién exprimido a la mezcla.

c) Vierta 1 ½ cuartos de agua fría y revuelva bien para combinar todos los ingredientes.

d) Coloque la jarra en el refrigerador y deje que la limonada de té verde Matcha (o limada) se enfríe durante al menos 30 minutos.

e) Cuando esté lo suficientemente frío, revuélvalo bien y estará listo para servir.

f) Vierte la refrescante bebida en vasos con cubitos de hielo y decora con rodajas de limón o lima si lo deseas.

g) ¡Disfruta de tu limonada o lima casera de té verde Matcha, una deliciosa mezcla de cítricos y las bondades terrosas del matcha!

89. Limonada de café helado

INGREDIENTES:
PARA LA LIMONADA:
- ½ taza de jugo de limón fresco (unos 3-4 limones)
- ¼ taza de azúcar granulada (ajustar al gusto)
- ½ taza de agua fría

PARA EL CAFÉ:
- 1 taza de café preparado, enfriado a temperatura ambiente o frío
- ½ taza de leche (puedes usar leche vegetal o láctea de tu preferencia)
- 1-2 cucharadas de leche condensada azucarada (ajustar al gusto)
- Cubos de hielo

INSTRUCCIONES:
a) Empieza haciendo la limonada. En una jarra, combine el jugo de limón fresco y el azúcar granulada. Remueve bien hasta que el azúcar se disuelva por completo.

b) Agrega ½ taza de agua fría a la mezcla de limón y revuelve para combinar. Pruebe y ajuste el dulzor o acidez agregando más azúcar o jugo de limón según sea necesario.

c) En un recipiente aparte, prepare el café preparado. Puede utilizar un método de vertido, prensa francesa o cualquier método preferido para preparar café. Deje que el café se enfríe a temperatura ambiente o enfríelo en el refrigerador.

d) Una vez que el café esté listo, agrégalo a una jarra aparte. Vierte la leche de tu preferencia y leche condensada azucarada al gusto. Revuelva bien para combinar. Ajuste el dulzor a su gusto agregando más leche condensada azucarada si lo desea.

e) Llena dos vasos con cubitos de hielo.

f) Vierta la mezcla de café preparada sobre los cubitos de hielo, llenando cada vaso hasta la mitad.

g) A continuación, vierte la limonada casera sobre la mezcla de café en cada vaso, llenando el resto del vaso.

h) Revuelva suavemente para combinar los sabores.

i) Adorne con rodajas de limón o una ramita de menta si lo desea.

j) Sirva su refrescante limonada de café helado inmediatamente y disfrute de la deliciosa mezcla de sabores de café y limonada.

k) Opcional: También puedes agregar un chorrito de almíbar aromatizado, como vainilla o caramelo, para darle una capa extra de dulzura y sabor.

l) Experimente con la proporción de limonada y café según sus preferencias gustativas. ¡Disfrutar!

90. Limonada Earl Grey

INGREDIENTES:
- 4 bolsitas de té Earl Grey
- 1 taza (236 ml) de jugo de limón fresco
- 3 cucharadas de miel (o al gusto)
- Cubos de hielo
- Rodajas de limón y naranja para decorar
- Hojas de menta fresca para decorar.

INSTRUCCIONES:
a) Comience agregando las bolsitas de té Earl Grey a una jarra o jarra resistente al calor.

b) Vierta 4 tazas de agua hirviendo sobre las bolsitas de té y déjelas reposar durante 4-5 minutos. Luego, retira las bolsitas de té.

c) Agrega la miel mientras el té aún está caliente para permitir que se derrita y se mezcle con el líquido. Deje que la mezcla se enfríe a temperatura ambiente.

d) Una vez que el té se haya enfriado, agrega el jugo de limón fresco. Pruebe la mezcla y ajuste el dulzor agregando más miel si lo desea.

e) Llene los vasos con cubitos de hielo.

f) Vierta la limonada Earl Grey sobre el hielo de cada vaso.

g) Adorne su bebida refrescante con rodajas de limón y naranja, y agregue algunas hojas de menta fresca para darle una explosión extra de sabor y aroma.

h) Sirva su limonada Earl Grey en un caluroso día de verano para disfrutar de la deliciosa mezcla de té con infusión de bergamota y limonada picante.

i) Siéntese, relájese y saboree los sabores ácidos, picantes y deliciosos de esta refrescante bebida.

91. Limonada de té negro y durazno

INGREDIENTES:
- 1 melocotón maduro mediano, sin piel
- ½ limón
- 2 tazas de té negro (o té verde si se prefiere)
- 2 cucharadas de almíbar simple (instrucciones arriba)
- 1 taza de cubitos de hielo

INSTRUCCIONES:

a) Comienza exprimiendo el jugo de medio limón y resérvalo.

b) Corta el melocotón maduro en trozos y colócalos en una licuadora.

c) Agrega el jugo de limón reservado, el té negro (o té verde si lo prefieres) y el almíbar a la licuadora. Ajuste la cantidad de almíbar simple a sus preferencias de sabor; agrega más si prefieres una bebida más dulce.

d) Licúa todos los ingredientes hasta lograr una mezcla tersa y bien mezclada.

e) Cuela la mezcla licuada en una jarra o jarra con abundantes cubitos de hielo o hielo picado.

f) Sirva su limonada casera de té negro con durazno inmediatamente para obtener una bebida de verano refrescante y agridulce.

92. Limonada Chai de Frambuesa

INGREDIENTES:
- $\frac{3}{4}$ taza de hielo
- 1 onza de concentrado de limonada, 7+1, descongelado
- 1 onza de jarabe de frambuesa
- 2 onzas de té con leche Chai original
- 6 onzas de refresco de lima-limón
- 2 frambuesas rojas frescas
- 1 rodaja de Limón, recortado y rebanado

INSTRUCCIONES:

a) Lávese las manos y todos los productos frescos y sin envasar con agua corriente. Escurrir bien.

b) Coloque hielo en un vaso de bebida de 16 onzas.

c) Vierta el concentrado de limonada, el jarabe de frambuesa, el concentrado de té chai y el refresco de lima-limón sobre el hielo y mezcle bien con una cuchara de bar de mango largo.

d) Ensarta las frambuesas o recógelas.

e) Corta la mitad del limón en rodajas.

f) Coloca la brocheta de limón y frambuesa en rodajas en el borde del vaso.

g) ¡Disfruta de tu limonada Chai de frambuesa!

93. Limonada Kombucha

INGREDIENTES:
- 1¼ tazas de jugo de limón recién exprimido
- 15 tazas de té verde o oolong kombucha

INSTRUCCIONES:

a) Vierta 2 cucharadas de jugo de limón en cada botella de 16 onzas.

b) Usando un embudo, llene las botellas con kombucha, dejando aproximadamente 1 pulgada de espacio libre en cada cuello de botella.

c) Tape bien las botellas.

d) Coloque las botellas en un lugar cálido, aproximadamente a 72 °F, para que fermenten durante 48 horas.

e) Refrigere 1 botella durante 6 horas, hasta que esté completamente frío.

f) Abre la botella y prueba la kombucha. Si está burbujeante a su gusto, refrigere todas las botellas para detener la fermentación.

g) Una vez que se logre la efervescencia y el dulzor deseados, refrigere todas las botellas para detener la fermentación.

h) Colar antes de servir para quitar y desechar los hilos de levadura que aún estén presentes.

94. Limonada de manzana especiada

INGREDIENTES:

- 3 limones
- trozo de jengibre de 1 pulgada
- 1 puñado de hojas de menta fresca
- $\frac{1}{2}$ vaina de vainilla
- 2 vainas de cardamomo
- 1 rama de canela
- 2 bayas de pimienta de Jamaica
- 2 vainas de anís estrellado
- $\frac{1}{2}$ taza de azúcar
- $2\frac{1}{2}$ tazas de jugo de manzana sin filtrar

INSTRUCCIONES:

a) Exprime el jugo de los limones.
b) Pelar el jengibre y cortarlo en rodajas finas.
c) Retire las hojas de la menta.
d) Cortar la vaina de vainilla a lo largo y triturar las vainas de cardamomo.
e) En una cacerola, combine el jengibre, el jugo de limón, las hojas de menta, el cardamomo triturado, la rama de canela, las bayas de pimienta de Jamaica, las vainas de anís estrellado, el azúcar y 200 ml (aproximadamente 7 onzas) de agua. Calienta la mezcla, pero con cuidado de que no hierva.
f) Deje que la mezcla se infunda durante 15 minutos para permitir que los sabores se mezclen.
g) Pasar la mezcla infundida por un colador fino para retirar los ingredientes sólidos. Deja que el líquido se enfríe.
h) Una vez que el líquido se haya enfriado, agregue el jugo de manzana frío sin filtrar y revuelva bien para combinar.

i) Vierta la limonada de manzana especiada en vasos y sirva.

95. Limonada de cúrcuma

INGREDIENTES:

- 1 raíz de cúrcuma pelada y rallada
- Jugo de 2 limones
- 4 tazas de agua
- 1 cucharada o al gusto de miel/jarabe de arce
- 1 cucharada de hojas de menta picadas

INSTRUCCIONES:

a) Pelar y rallar la raíz de cúrcuma.

b) Agrega 1 taza de agua a una cacerola pequeña.

c) Agrega la cúrcuma rallada, deja hervir a fuego medio y luego apaga el fuego.

d) Colar para obtener un líquido claro y dejar enfriar.

e) En una jarra, combine el jugo de limón, la miel y el agua de cúrcuma.

f) Revuelva para mezclar, pruebe y agregue más miel o jugo de limón si es necesario.

g) Agregue las hojas de menta picadas y los cubitos de hielo y revuelva bien una vez más.

h) Sirva la limonada de cúrcuma fría.

96. Limonada Masala

INGREDIENTES:
- 3 limones, exprimidos
- 1 taza de azúcar
- 4 tazas de agua
- $\frac{1}{2}$ pulgada de jengibre, triturado
- 1 cucharadita de comino en polvo
- $\frac{1}{4}$ cucharadita de pimienta negra en polvo
- 1 cucharadita de sal negra
- Un puñado de hojas de menta
- 1 pizca de bicarbonato de sodio (opcional)

INSTRUCCIONES:
a) En un bol exprime el jugo de los limones.

b) Al jugo de limón, agregue azúcar, jengibre triturado y hojas de menta fresca. Agrega 1 vaso de agua.

c) Mezclar todo bien hasta que el azúcar se disuelva por completo.

d) Filtra el jugo para eliminar la pulpa o las partículas sólidas.

e) Al jugo filtrado, agregue pimienta negra en polvo, comino en polvo y sal negra. Mezclar todo bien.

f) Agrega cubitos de hielo a la mezcla para enfriarla.

g) Si prefieres una limonada con gas, opcionalmente puedes agregar una pizca de bicarbonato de sodio.

h) Sirva esta refrescante y sabrosa limonada Masala en vasos durante la hora del té o con refrigerios por la noche. ¡Disfruta de la deliciosa mezcla de especias y limón!

97. Limonada con especias chai

INGREDIENTES:
- 2½ tazas de agua
- ¼ de taza de jarabe de arce (o miel o jarabe de agave)
- 1 cucharada de raíz de jengibre fresco picado
- 3 vainas de cardamomo verde, partidas
- 4 dientes enteros
- 1 rama pequeña de canela
- ½ taza de jugo de limón recién exprimido

INSTRUCCIONES:

a) En una cacerola mediana a fuego medio, hierva el agua. Deja que hierva durante 2 minutos, sin tapar.

b) Agregue el jarabe de arce, el jengibre picado, las vainas de cardamomo rajadas, el clavo y la rama de canela al agua hirviendo. Revuelva bien y lleve la mezcla a fuego lento. Revuelva de vez en cuando.

c) Retira la cacerola del fuego y cúbrela con una tapa. Deje reposar la mezcla durante 20 minutos para permitir que las especias se infundan.

d) Cuela el líquido infundido a través de varias capas de gasa o un colador de malla fina en un frasco o jarra grande para conservas para quitar las especias.

e) Refrigere el líquido colado hasta que esté completamente frío.

f) Agrega el jugo de limón recién exprimido.

g) Sirva la limonada con especias Chai sobre hielo. Para darle un toque extra refrescante, puedes agregar un chorrito de agua con gas o licores, si lo deseas.

h) Cualquier limonada sobrante se puede refrigerar hasta por 3 días o congelar para almacenarla por más tiempo. ¡Disfruta de este toque único y sabroso de limonada!

98. Limonada con salsa picante

INGREDIENTES:
- refresco de 1 litro
- 2 tazas de ron blanco
- Lata de 6 onzas de concentrado de limonada congelada
- $\frac{1}{4}$ de taza de jugo de limón fresco
- 1 cucharadita de salsa picante
- Hielo picado, al gusto

INSTRUCCIONES:
a) En una jarra, mezcle suavemente la gaseosa, el ron blanco, el concentrado de limonada congelada, el jugo de limón fresco y la salsa picante.

b) Vierta la mezcla de limonada picante en vasos llenos de hielo picado.

c) Sirva esta refrescante y picante limonada picante en su próxima reunión de amigos y familiares para disfrutar de una bebida deliciosa e inolvidable.

d) ¡Disfruta responsablemente!

99. Limonada especiada india

INGREDIENTES:
PARA JARABE SIMPLE:
- 1 taza de azúcar
- 1 taza de agua
- Un chorrito de zumo de limón (para evitar la cristalización)

PARA LIMONADA:
- Almíbar simple (al gusto)
- 1 taza de jugo de lima o limón recién exprimido
- 4 tazas de agua fría
- Semillas de comino tostadas y trituradas (opcional)
- Escamas de sal marina (opcional, para bordear el vaso)

GUARNACIONES:
- Hojas de menta fresca (opcional)
- Hojas frescas de hierbaluisa (opcional)
- Hojas de albahaca fresca (opcional)

INSTRUCCIONES:
HACER JARABE SIMPLE:
a) En una cacerola a fuego medio-bajo, combine 1 taza de azúcar y 1 taza de agua.

b) Agrega un chorrito de jugo de limón a la mezcla para evitar la cristalización.

c) Revuelve la mezcla y déjala cocinar hasta que el azúcar se disuelva por completo.

d) Retire la cacerola del fuego y deje enfriar el almíbar.

HACER LIMONADA:
e) En una jarra, combine 1 taza de jugo de limón o lima recién exprimido con 4 tazas de agua fría.

f) Agregue el almíbar simple al gusto. Ajusta el dulzor según tu preferencia añadiendo almíbar más o menos simple.

SERVICIO:

g) Si lo desea, puede bordear el vaso con hojuelas de sal marina para darle un toque extra de sabor.

h) Pasa una rodaja de lima o limón por el borde del vaso para humedecerlo.

i) Sumerja el borde humedecido en un plato con escamas de sal marina para bordear el vaso.

j) Llena el vaso con cubitos de hielo.

k) Vierte la mezcla de Limonada sobre los cubitos de hielo del vaso.

l) Adorne su limonada india con especias con hojas de menta fresca, hojas de hierbaluisa u hojas de albahaca, si lo desea.

100. Gota de limón y lavanda

INGREDIENTES:
- 2 onzas de vodka con infusión de lavanda
- 1 onza de triple seco
- ½ onza de jugo de limón fresco
- Ramita de lavanda para decorar

VODKA CON INFUSIÓN DE LAVANDA:
- ¼ de taza de cogollos secos de lavanda culinaria
- 1 taza de vodka

INSTRUCCIONES:
VODKA CON INFUSIÓN DE LAVANDA
a) En un frasco de vidrio limpio, combine los cogollos secos de lavanda culinaria y el vodka.

b) Selle el frasco y déjelo reposar en un lugar fresco y oscuro durante aproximadamente 24 a 48 horas para que se infunda. Pruebe de vez en cuando para asegurarse de que alcance el nivel deseado de sabor a lavanda.

c) Una vez infundido a tu gusto, cuela el vodka a través de un colador de malla fina o una gasa para quitar los cogollos de lavanda. Transfiera el vodka con infusión de lavanda a una botella o frasco limpio.

PARA LA GOTA DE LIMÓN LAVANDA:
d) Llenar una coctelera con hielo.

e) Agregue 2 onzas de vodka con infusión de lavanda, 1 onza de Triple Sec y ½ onza de jugo de limón fresco a la coctelera.

f) Agite vigorosamente hasta que esté bien frío.

g) Cuela la mezcla en una copa de martini fría.

h) Adorne su Lavender Lemon Drop con una ramita de lavanda fresca.

i) ¡Disfruta de tu cóctel Lavender Lemon Drop con sus deliciosas notas florales y cítricas!

CONCLUSIÓN

A medida que finalizamos nuestro viaje a través del "Compañero culinario de los amantes del limón", esperamos que haya saboreado el mundo fresco y sabroso de las delicias con infusión de limón. Los limones tienen la capacidad única de alegrar y realzar los platos de innumerables maneras, y ahora te has convertido en un maestro en aprovechar su magia culinaria.

Lo alentamos a continuar explorando creaciones inspiradas en el limón, experimentando con nuevas recetas y compartiendo sus sabrosos platos con familiares y amigos. Cada plato que preparas es un testimonio del placer de cocinar con limones y los sabores vibrantes que aportan a la mesa.

Gracias por ser parte de esta aventura culinaria cítrica. Que los conocimientos y habilidades que has adquirido sigan iluminando tu camino culinario y que tus comidas siempre estén llenas del alegre carácter de los limones. ¡Feliz cocina!

www.ingramcontent.com/pod-product-compliance
Lightning Source LLC
Chambersburg PA
CBHW071306110526
44591CB00010B/791